FACULTÉ DE DROIT DE PARIS

DROIT ROMAIN

DE CAS DE RESTITUTION VOLONTAIRE DE LA DOT
PENDANT LE MARIAGE

DROIT FRANÇAIS

DES DROITS DES CRÉANCIERS DU MARI
AU CAS DE SÉPARATION DE BIENS JUDICIAIRE

THÈSE POUR LE DOCTORAT

L'ACTE PUBLIC SUR LES MATIÈRES CI-DESSUS

sera soutenu le mercredi 23 janvier 1895, à 1 heure

PAR

André BILLAUDET

Président :   M. CAUWÈS, *professeur.*

Suffragants   MM. CUQ, *professeur.*
      LESEUR, *agrégé.*
      CHÉNON, *agrégé.*

PARIS

A. PEDONE, ÉDITEUR

LIBRAIRE DE LA COUR D'APPEL ET DE L'ORDRE DES AVOCATS

13, RUE SOUFFLOT, 13

1895

THÈSE

POUR

LE DOCTORAT

FACULTÉ DE DROIT DE PARIS

DROIT ROMAIN

DES CAS DE RESTITUTION VOLONTAIRE DE LA DOT

PENDANT LE MARIAGE

DROIT FRANÇAIS

DES DROITS DES CRÉANCIERS DU MARI

AU CAS DE SÉPARATION DE BIENS JUDICIAIRE

THÈSE POUR LE DOCTORAT

L'ACTE PUBLIC SUR LES MATIÈRES CI-DESSUS

sera soutenu le mercredi 23 janvier 1895, à 1 heure

PAR

André **BILLAUDET**

Président :　　M. CAUWÈS, *professeur.*

Suffragants {　MM. CUQ, *professeur.*
　　　　　　　　　LESEUR, *agrégé.*
　　　　　　　　　CHÉNON, *agrégé.*

PARIS

A. PEDONE, ÉDITEUR

LIBRAIRE DE LA COUR D'APPEL ET DE L'ORDRE DES AVOCATS

13, RUE SOUFFLOT, 13

1895

MEIS ET AMICIS

DES CAS DE RESTITUTION VOLONTAIRE DE LA DOT

PENDANT LE MARIAGE

INTRODUCTION

Dans le très ancien droit romain, la dot était déjà l'accessoire ordinaire et presque nécessaire du mariage. Elle était non pas imposée par les lois, mais rendue obligatoire par les mœurs.

La dot comprenait ce que la femme apportait au mari pour subvenir aux charges du mariage, et à l'entretien des enfants, dont il avait le soin exclusif tant qu'il vivait.

A cette époque, la destination de la dot, au lieu d'être temporaire comme chez nous, était perpétuelle. « *Dotis causa perpetua causa* », dit le jurisconsulte Paul (Loi 1, Dig., *de jure dotium*, 23-3). Le mari était plein propriétaire de la dot qui lui était acquise sans réserve et sans retour. Il n'y avait pas alors à se préoccuper de sa restitution, de quelque manière que le mariage vienne à se dissoudre, même s'il cessait par la mort du mari.

Ces faits sont confirmés par Aulu-Gelle dans les termes suivants : « On rapporte que, durant les cinq premiers siècles de la fondation de Rome, il n'existait à Rome et dans tout le Latium ni actions, ni stipulations *rei uxoriæ*, sans doute parce qu'il n'en était pas besoin, les mariages n'étant point alors rompus par les divorces. Servius Sulpicius dit aussi, dans son livre sur la dot, que la nécessité des stipulations *rei uxoriæ* ne se fit sentir que lorsque Spurius Carvilius eut répudié sa femme » (Aulu-Gelle, *Nuits attiques*, IV, 3).

Denys d'Halicarnasse (*Antiq. Roman.*, II, 25) observe également que Romulus n'avait donné aucune action à la femme contre son mari, ni établi aucune loi pour la restitution de la dot.

Ce droit primitif n'était pas aussi rigoureux pour la femme qu'il le paraît au premier abord.

L'examen des différentes situations qui pouvaient se présenter à la dissolution du mariage va nous le montrer.

Si la mort du mari met fin au mariage, voici quels étaient les droits de la femme. Elle se trouvait ordinairement *in manu mariti* ; alors, elle venait à la succession de son mari en qualité d'*heres sua*, en concours avec ses propres enfants, vis-à-vis desquels elle était *loco sororis*. Au cas où aucun enfant n'était issu du mariage, elle appréhendait la succession entière. La femme pouvait ne pas être *in manu mariti*. Dans cette hypothèse, elle n'avait aucun droit à la succession de son mari ; elle perdait donc complètement la dot ; mais, les mœurs avaient vite corrigé la rigueur de la loi. L'usage s'était en effet établi que le mari dans son testament laissât à sa veuve ou la dot qu'elle avait apportée en mariage ou un legs assez important pour la mettre à l'abri du besoin. Si le mari n'avait fait aucune disposition testamentaire au profit de la femme, ses héritiers qui, la plupart du temps, étaient ses enfants, se trouvaient, sinon par la loi, du moins moralement, obligés de subvenir aux besoins de la veuve. Ainsi donc, la dissolution du mariage par la mort du mari n'empirait pas la condition de la femme.

Le divorce pouvait déjà, à l'époque où nous nous plaçons, amener la dissolution du mariage. La chose ne peut faire de doute ; car s'il n'est pas certain que la femme fut autorisée à se séparer de son mari, il est incontestable que le mari pouvait, dans certains cas, répudier sa femme D'après le témoignage de Plutarque (1), Romulus avait, en effet, permis la répudiation dans les hypothèses suivantes: crime d'empoisonnement, supposition d'enfants, adultère et possession de fausses clefs. Si la femme avait été répudiée dans l'une de ces hypothèses, elle eût été mal venue à réclamer quoi que ce soit, ce n'était que justice qu'aucun avantage ne lui fût fait. Si, au contraire, elle avait été répudiée sans motif, la loi de Romulus obligeait le mari à donner la moitié de ses biens à sa femme et à consacrer l'autre moitié à Cérès. La femme ne pouvait se plaindre ; elle était indemnisée quelquefois très largement de la perte de sa dot.

Si, enfin, la dissolution du mariage se produisait à la suite du décès de la femme, il n'y avait rien d'inique à laisser la dot au mari qui gardait à sa charge les enfants issus du mariage.

Le principe primitif suivant lequel la dot ne devait pas être restituée par le mari fut abandonné dans la suite. Le principe contraire de l'obligation pour le mari de restituer la dot prévalut. Cette grande réforme juridique s'accomplit lentement par le progrès de la jurisprudence. Le *principium* de la loi 66, Dig., *soluto matrimonio*, 24-3, permet de croire

---

1. Plutarque, *Vie des Hommes Illustres, Romulus*, trad. Pierron, 2e édit., tome 1er, page 72.

que vers l'an 620 de la fondation de Rome, le système
de la restitution de la dot était déjà créé. Ce fut à cause
du relâchement des mœurs, du nombre toujours
croissant des divorces, que le nouveau principe fut
introduit. Le mariage n'était plus qu'un honteux
trafic ; le mari gardait la dot et répudiait la femme ;
Sénèque déclare que les femmes comptaient les années non plus par le nombre des consuls, mais par
celui de leurs maris (1), et Salluste s'emporte contre
celles qui, en cinq années, se donnaient et se re-
prenaient à huit maris successifs. Il est permis de
croire que Sénèque et Salluste exagèrent ; mais, il
n'en est pas moins vrai que le divorce était devenu
le mode ordinaire de dissolution du mariage. L'usage
s'établit alors de stipuler du mari la restitution de
la dot en prévision de la séparation éventuelle des
époux. En vertu de cette convention, qui prit le nom
de *cautio rei uxoriæ*, la femme avait, à la dissolution
du mariage, pour réclamer sa dot, l'action *ex stipulatu*. Bientôt, l'obligation de restituer les biens dotaux, généralisée par la jurisprudence, fut considérée comme étant de droit commun ; et le préteur,
en organisant l'action *rei uxoriæ*, donna à la femme
le moyen de poursuivre le recouvrement de sa dot
en l'absence de toute stipulation.

1. Sénèque, *De benef.*, III, 16.
2. Juvénal, satire II, v. 229.

Ensuite, vinrent les innovations d'Auguste. On sait que ce prince, justement préoccupé de la déconsidération où était tombé le mariage, de l'abus du divorce et de la stérilité des unions, entreprit, par une série de réformes, d'apporter un remède au mal qui menaçait l'empire d'une dépopulation rapide. De là, les lois Julia et Papia Poppœa tendant à punir le célibat, à honorer la paternité, et à réprimer sévèrement l'adultère. On dut nécessairement y donner une place à des mesures propres à favoriser les seconds mariages. Afin que la femme pût, grâce à son bien, contracter plus facilement une nouvelle union, on chercha, par de solides garanties, à écarter les dangers de perte de la dot. *Interest Reipublicæ mulieres dotes salvas habere, propter quas nubere possunt.* (Loi 2, Dig., *de jure dotium*, 23-3) (1). Il fut désormais défendu au mari d'aliéner l'immeuble dotal sans le consentement de la femme, et, par là, le droit de la femme à la restitution de sa dot, consacré par les actions *ex stipulatu* et *rei uxoriæ*, reçut une sanction plus forte et risqua moins de rester inefficace par la perte de son objet.

Plus tard, une application du sénatus-consulte Velléien vint compléter cet ensemble de dispositions

1. V. Ortolan, Institutes de Justinien, 12e édit., t. II. Appendice 4, *De la dot*, par M. Labbé, p. 933.

législatives : on reconnut que la femme ne pouvait,
sans enfreindre la règle qui prohibait l'*intercessio*,
donner son approbation à la constitution d'une hypothèque sur le fonds dotal ; et ainsi s'établit ce
principe qui interdit au mari d'hypothéquer le fonds
dotal, même du consentement de la femme.

Mais les modifications radicales dans le droit
étaient si peu dans les habitudes romaines qu'on
n'osa pas décider que la dot était le bien de la
femme ; le principe fut toujours que le mari était
le propriétaire de la dot et que ce n'était qu'éventuellement qu'il était appelé à la restituer.

A la fin de l'Empire, les lois qui assurent la restitution de la dot subsistent. Justinien augmente
même d'une façon excessive les garanties antérieu-
rement établies au point de diminuer gravement le
crédit du mari. Il laisse, par respect de la tradition,
subsister le principe de l'acquisition de la dot par
le mari. Mais, ce principe n'a plus depuis longtemps
qu'une existence nominale, car toutes ses applica-
tions ont été si bien atténuées ou éludées qu'en réalité la femme est considérée comme propriétaire de
sa dot, et que c'est en cette qualité qu'elle la réclame lorsqu'elle y a droit (1).

---

1. Gide, *Du caractère de la dot en droit romain*, § II. V. Ortolan, *loc. cit.*, append. 4, par M. Labbé, p. 930 et suiv.

Nous avons établi plus haut qu'au début du droit romain, la dot ne devait être restituée en aucun cas à la femme. Le mari en était propriétaire et la gardait à la dissolution du mariage. Nous avons dit aussi qu'à ce principe ancien fut substitué dans la suite le principe nouveau que la dot ne serait plus retenue par le mari mais restituée à la femme ou à la personne qui y aurait droit.

Toutefois, la restitution ne pouvait, en thèse générale, et sauf le cas de pauvreté du mari (*restitutio propter inopiam mariti*), être exigée du mari qu'à la dissolution du mariage.

La restitution totale ou partielle qu'il en aurait faite volontairement *constante matrimonio* n'était pas valable, et l'action de dot n'était pas éteinte. Elle permettait de réclamer à nouveau les biens dotaux au mari ou à ses héritiers à la dissolution du mariage.

Il existait cependant des hypothèses où, par exception, la loi permettait au mari de restituer volontairement la dot à sa femme *constante matrimonio*.

Ce sont ces cas exceptionnels de restitution volontaire que nous nous proposons d'examiner.

Nous indiquerons d'abord les motifs de la prohibition de la restitution volontaire, les exceptions au principe, et leurs effets.

CHAPITRE Ier

Du fondement de la prohibition de la restitution volontaire
de la dot « constante matrimonio. »

Les commentateurs ne sont pas d'accord sur le motif de la prohibition de la restitution volontaire de la dot *constante matrimonio*.

Suivant Hasse (1) et Glück (2), cette prohibition serait une conséquence de la prohibition des donations entre époux. La restitution volontaire de la dot pendant le mariage devrait être considérée comme une donation, non pas, il est vrai, du capital dotal (sauf le cas où, par la mort de la femme, la dot doit rester définitivement au mari), mais au moins du revenu : or, disent ces auteurs, quand le mari donne à sa femme des fruits, cette donation n'est pas plus valable que celle de tout autre objet qui enrichit la femme aux dépens du mari.

1. Versuch einer genaueren Auslegung der, L. 73, § 1. Dig., *De jure dotium*, und der L. 20, Dig., *Soluto matrimonio* (Zeitschrift für gesch. Rechtowiss., t. V, 1825, p. 311 et suiv.).

2. Pand., tome 27, 1826, p. 223 et suiv.

Hasse et Glück invoquent à l'appui de leur doctrine la loi 28, Dig., *de pactis dotalibus*, 23-4 : « *Quæris, si pacta sit mulier, vel ante nuptias, vel post nuptias, ut ex fundi fructibus, quem dedit in dotem, creditor mulieris dimittatur, an valeat pactum ? Dico, si ante nuptias id convenerit, valere pactum, eoque modo minorem dolem constitutam ; post nuptias vero, quum onera matrimonii fructus relevaturi sunt, jam de suo maritus paciscitur ; ut dimittat creditorem, et erit mera donatio* », et la loi unique, Code, *Si dos constante matrimonio soluta fuerit*, 5-19 : « *Si constante matrimonio a marito uxori dos sine causa legitima refusa est, quod legibus stare non potest, quia donationis instar perspicitur obtinere, eadem uxore defuncta ab ejus heredibus cum fructibus ex die refusæ dotis marito restituatur.* »

L'opinion que nous venons d'examiner ne nous paraît pas exacte. La règle qui défend la restitution volontaire de la dot *constante matrimonio* ne participe pas de la prohibition des donations entre époux. Ce sont deux principes distincts. Il existe entre eux des points de contact, mais ils sont fondés l'un et l'autre sur des motifs particuliers, et ils ont une portée différente.

La prohibition des donations entre époux avait pour but d'assurer à chacun d'eux son patrimoine contre sa propre faiblesse et la cupidité de son conjoint. Elle paraît s'être établie vers la fin de la République. Elle n'existait pas encore vers l'an 550 ; car, la loi Cincia, qui porte cette date, mentionne les époux parmi les personnes exceptées des restrictions qu'elle apporte et entre lesquelles la faculté de faire et de recevoir des donations continuera de subsister sans modification. Les libéralités entre époux présentaient peu d'inconvénients tant que les divorces furent rares et les mœurs simples. Mais, une fois que les divorces se multiplèrent et que le goût du luxe et de la dépense se répandit dans toutes les classes de la société romaine, il fallut empêcher qu'un époux cupide ne profitât de la faiblesse de son conjoint pour le dépouiller de ses biens et le répudier ensuite. De là, la prohibition des donations entre époux. Des exceptions furent apportées au principe dans des cas où le motif de la prohibition n'existait pas et où il eût été trop dur d'exclure toute libéralité entre conjoints ; ainsi, par exemple, les donations à cause de mort et les donations *divortii causa* furent permises. La prohibition était d'ailleurs limitée aux libéralités par lesquelles le donataire s'enrichissait par l'appauvrissement du donateur ; et, celui-ci n'était réputé s'être appauvri qu'autant qu'il se dépouillait d'une partie d'un capital acquis, et non lorsqu'il se privait seulement de son revenu (Lois 15, § 1, 17, 31, Dig., *De donat. inter vir. et uxor.*, 24, 1).

Quant à la prohibition de restituer volontairement la dot pendant le mariage, elle avait un double but : d'abord, de laisser les biens dotaux au mari pendant toute la durée de l'association conjugale pour l'aider à subvenir aux charges du ménage, et ensuite de conserver la dot à la femme, afin que, le mariage dissous, elle pût la retrouver pour lui faciliter un nouveau mariage. La conservation de la dot, en effet, a toujours préoccupé les jurisconsultes romains ; aussi les voyons-nous déclarer qu'il était d'intérêt public que les femmes conservassent leur dot dans ce but : « *Reipublicæ interest mulieres dotes suas salvas habere, propter quas nubere possunt.* » Nous voyons déjà que les motifs de la prohibition des donations entre époux et ceux de la règle qui défend la restitution volontaire de la dot pendant le mariage ne sont pas les mêmes.

Leur origine est aussi différente. La prohibition de restituer la dot a été créée par une des lois Julia, c'est-à-dire postérieurement à la prohibition des donations entre époux (Pellat, *Textes sur la dot,* édit. de 1847, pages 363 et 364).

Enfin les deux prohibitions ne produisent pas des effets identiques.

La prohibition des donations entre époux tend à conserver à chaque conjoint la substance de son patrimoine, son capital et non les revenus qui sont destinés à être dépensés.

Au contraire, les fruits de la dot ont la destination spéciale de subvenir aux charges du ménage, et cette destination ne peut être changée durant le mariage. De là, il suit que les fruits de la dot prématurément restituée doivent être compris dans la répétition (Lois 8, Code, *De donat. inter vir. et uxor.*, 5-16, et 20, C. *de jure dotium*, 5-12).

On voit donc que la défense de changer la destination de la dot pendant le mariage est une disposition indépendante, distincte de la défense de donner.

D'ailleurs, s'il ne fallait voir dans notre règle qu'un corollaire de la prohibition des donations entre époux, le mari donateur pourrait seul invoquer la nullité. Il serait donc libéré par son indue restitution. Or, la loi 1, § 5, Dig., *de dote prœlegata*, 33-4, comme nous le verrons plus loin, suppose une action à la femme, quand elle a indûment reçu sa dot. Le mari n'est donc pas libéré et la dot peut lui être demandée une seconde fois (1).

---

1. Voir la dissertation de Francke, publiée dans le recueil: *Archiv für die civilistiche Praxis*, 1834-1835, t. XVII, p. 458 472, et t. XVIII, p. 1-36.

CHAPITRE II

Des cas de restitution volontaire de la dot pendant le mariage.

Nous avons dit dans notre introduction qu'il existait en droit romain des cas dans lesquels la restitution de la dot pouvait être valablement faite par le mari *constante matrimonio*, bien qu'elle ne pût être exigée par la femme. Ces cas de restitution volontaire de la dot pendant le mariage sont au nombre de quatre. Ils sont énumérés au Digeste dans deux textes de Paul, la loi 73, § 1, *de jure dotium*, 23-3, et la loi 20, *soluto matrimonio*, 24-3, dont voici les termes :

Loi 73, § 1 : « *Manente matrimonio, non perdituræ uxori, ob has causas dos reddi potest, ut sese suosque alat, ut fundum idoneum emat, ut in exilium, ut in insulam relegato parenti præstet alimonia, aut ut egentem virum, fratrem sororemve sustineat.* »

Loi 20. « *Quamvis mulier non in hoc accipiat constante matrimonio dotem, ut æs alienum solvet, aut prædia idonea emat, sed ut liberis ex alio viro egentibus,*

— 15 —

aut fratribus, aut parentibus consuleret, vel ut eos ex hostibus redimeret, quia justa et honesta causa est, non videtur male accipere, et ideo recte ei solvitur. Edque et in filiafamilias observatur. »

Il résulte de ces textes que les cas de restitution volontaire de la dot à la femme *constante matrimonio* sont les suivants :

1° *Ut se suosque alat.*

2° *Ut æs alienum solvat.*

3° *Ut fundum idoneum emat : — ut prædia idonea emat.*

4° *Ut in exilium, ut in insulam relegato parenti præstet alimonia, aut ut egentem virum, fratrem sororemve sustineat.*

Ces causes de restitution paraissent avoir été indiquées, au moins pour la plupart, par des lois. Ulpien nous dit, en effet, dans la loi 27, page 1, Dig., *De religiosis et semptibus funerum,* que « le mari, qui doit contribuer aux frais funéraires de la femme en proportion de la dot qu'elle lui a apportée, ne peut être actionné à cette fin, s'il a restitué la dot à la femme pendant le mariage, dans les cas toutefois où les lois lui permettent de le faire » (1).

1. Ulpien, L. 27, § 1. Dig., *de religiosis et sumptibus funerum,* 11-7. « *Maritus funeraria non convenietur, si mulieri in matrimonio dotem solverit, ut Marcellus scribit. Quæ sententia vera est, in his tamen casibus, in quibus hoc ei facere legibus permissum est.* »

Quelles étaient ces lois auxquelles Ulpien fait allusion ? C'étaient probablement les lois Julia et Papia Poppœa qui contenaient des dispositions sur la restitution de la dot, et qui, à cause de leur célébrité, étaient cités par des jurisconsultes Romains sous la dénomination de *leges*.

Etudions maintenant les quatre cas de restitution volontaire de la dot durant le mariage.

§ 1. — *Premier cas de restitution volontaire de la dot.*

La restitution pouvait être faite afin que la femme pourvoie elle-même à ses besoins et à ceux de ses esclaves, *uti se suosque alat.* L'expression *suos* ne veut pas dire, comme on pourrait le croire, ses enfants, mais bien ses esclaves. Notre texte est en effet éclairé par un passage d'Ulpien qui visant une hypothèse semblable à la nôtre s'exprime en ces termes : « *Ut se mulier pasceret suosque homines; — ut se suosque aleret* » (1). Il s'agit donc bien ici des esclaves de la femme, des gens attachés à son service.

1. Loi 21, § 1, Dig., *De don. inter vir. et ux.*, 24, 1. « *Plane si convenerat ut se mulier pasceret suosque homines, idcirco passus est cam dote sua frui, ut se suosque aleret, expeditum erit ; puto enim non posse ab ea peti quasi donatum, quod compensatum est.* »

Ce premier cas de restitution recevait son application toutes les fois que, pour une raison ou une autre, le mari était éloigné de son domicile, par exemple s'il était chargé d'une mission politique, ou envoyé à la guerre, ou bien encore s'il entreprenait un voyage pour ses affaires personnelles. Dans toutes ces circonstances, l'utilité de la restitution de la dot était évidente. Pendant l'éloignement de son mari, la femme pouvait dès lors pourvoir à ses besoins et à ceux de ses esclaves.

Il n'est pas sans intérêt de rapprocher deux décisions d'Ulpien de la partie de la loi 73 que nous étudions.

Dans la première (Loi 4, Dig. *de pactis dotalibus*, 23-4), ce jurisconsulte se demande quelle sera la valeur d'un pacte dans lequel le mari convient avec sa femme qu'il capitalisera les fruits de la dot pour les lui rendre au lieu de les garder : et, il décide que si la femme s'oblige à faire face elle-même à toutes ses dépenses personnelles et à la nourriture et l'entretien des siens, ce pacte sera valable. *Et quid dicemus si pactum tale intervenit, ut maritus fructus in dotem converteret et mulier se suosque aleret tuereturve, et universa onera sua expediret ? quare non dicas conventionem valere ?* »

Dans la seconde (Loi 21 § 1, Dig., *de donat. inter virum et uxorem*, 24-1 déjà citée), Ulpien, après avoir déclaré que le mari en faisant remise à sa femme des intérêts qu'elle lui avait promis avec le capital de la dot, lui ferait une donation illicite, estime qu'il en serait autrement si la convention portait que la femme pourvoirait à ses besoins et à ceux des siens.

Toutes ces décisions sont fondées sur un même motif, réunir sur la même tête les revenus de la dot et les charges auxquelles ils doivent subvenir.

§ 2. — *Deuxième cas de restitution volontaire de la dot.*

En second lieu, la dot peut être valablement restituée à la femme durant le mariage pour lui permettre de payer ses dettes, *ut æs alienum solvat* : Il suffit que la femme ait des dettes et que la portion de le dot qui lui est remise n'en excède pas le montant.

L'utilité de la restitution dans une telle hypothèse est incontestable. Il eût été trop rigoureux de maintenir ici dans toute sa force la prohibition de restituer la dot *constante matrimonio*. La femme est peut-être dans un besoin pressant : elle est peut-être poursuivie par des créanciers inflexibles. Il est donc légitime de lui fournir le moyen d'acquitter ses dettes.

Personne n'a jamais contesté le bien fondé de ce deuxième cas de restitution de la dot. Mais les commentateurs ne sont pas d'accord pour déterminer exactement l'hypothèse dans laquelle il se produit.

Nous avons dit que, pour qu'il y ait restitution de la dot, *ut æs alienum solvat*, il suffisait que la femme ait des dettes, et que la portion restituée n'en excède pas le montant. Quelques auteurs exigent en outre que la femme n'ait pas d'autres biens au moyen desquels elle puisse satisfaire ses créanciers, ou si elle a des paraphernaux qu'ils soient moins productifs que les biens dotaux (1). Ils appuient leur solution sur la loi 28, *de pactis dotalibus*, Dig. 23-4 : « *Quæris, si pacta sit mulier, vel ante nuptias, vel post nuptias, ut ex fundi fructibus, quem dedit in dotem, creditor mulieris dimittetur, an valeat pactum : Dico, si ante nuptias id convenerit, valere pactum, eoque modo minorem dotem constitutam : post nuptias vero, quum onera matrimonii relevaturi sunt, jam de suo maritus paciscitur, ut dimittat creditorem, et erit mera donatio.* »

Ce texte dit que le pacte par lequel le mari s'en-

1. Hasse, *loc. cit.* ; Gluck, *loc. cit.*

gage pendant le mariage à payer un créancier de la femme avec les fruits de la dot est nul; *à fortiori,* disent Hasse et Gluck, en doit-il être de même s'il s'agit du capital de la dot. Et ils ajoutent: si la loi 28, *de pactis dotalibus,* annule la restitution de la dot dans un cas où elle est regardée comme valable par la loi 20, *soluto matrimonio,* et comme elles émanent du même jurisconsulte Paul, pour qu'il n'y ait pas antinomie, il faut entendre que la loi 20 sous-entend ceci : à condition que la femme n'ait pas d'autres biens paraphernaux ou qu'elle ne puisse les aliéner sans un grand dommage.

Cette doctrine est tout à fait arbitraire. La loi 20, *soluto matrimonio,* est conçue en termes absolus qui ne permettent pas d'admettre les restrictions qu'on voudrait y introduire. D'ailleurs, cette loi n'est aucunement en contradiction avec la loi 28, *de pactis dotalibus.*

Dans ce dernier texte, il n'est nullement dit que la femme a d'autres biens. La question porte seulement sur la validité d'un pacte par lequel, soit avant, soit après le mariage, le mari a promis de payer une dette de la femme avec les fruits de la dot. Le jurisconsulte répond qu'une semblable promesse faite avant le mariage oblige le mari, puisqu'à cette époque on peut grever la dot d'une charge qui la diminuera d'autant : mais que, faite après le mariage, une telle promesse constituera une *mera donatio;* or, une promesse de donation n'oblige pas le mari, surtout un simple pacte. La loi 28 est étrangère à notre question : elle suppose, non une restitution de dot réellement effectuée, qui est valable dans certains cas, mais une promesse de restituer la dot pendant le mariage qui n'oblige pas le mari, même dans les cas où la restitution consommée serait valable.

Dans ces conditions, nous ne pouvons qu'accepter dans sa généralité la décision de la loi 20 que la restitution volontaire de la dot *constante matrimonio* est valable quand elle a lieu pour payer les dettes de la femme.

Notre interprétation est d'ailleurs confirmée par un texte de Scœvola, la loi 85, *de jure dotium,* Dig., 23-3. « *Fundum filiæ nomine pater in dotem dederat; hujus heredi filiæ ex asse, creditoribus urgentibus patris, utilius videtur potius fundum qui dotalis est distrahere, quod minus fructuosus sit, et alios hereditarios uberiore reditu retinere ; maritus consentit, si nulla in ea re captio sit futura. Quæro an pars dotis, quæ in hoc fundo est, mulieri manente matrimonio recte solvatur. Respondit, si pretium creditori solvatur, recte solutum.* »

Dans cette loi, Scœvola suppose qu'une fille, héritière de son père, et poursuivie par les créanciers de ce dernier, juge avantageux, pour se procurer l'argent nécessaire à les désintéresser, de vendre le fonds qui lui a été donné en dot et qui est d'un faible revenu plutôt que les fonds héréditaires qui sont beaucoup plus productifs. Le mari consent la restitution du fonds dotal. Le jurisconsulte se demande alors si cette restitution est valable. Il répond affirmativement, en mettant toutefois à la validité de la restitution cette condition que le prix du fonds remis à la femme et vendu soit réellement appliqué au paiement des créanciers : *si pretium creditori solvatur*.

Des commentateurs ont cependant voulu justifier la loi 85 par les expressions : « *si nulla in ea re captio sit futura* » qui d'après eux signifient : « s'il ne résulte de là aucun préjudice pour lui, mari, » c'est-à-dire, si, en échange du fonds dotal restitué et vendu, la femme lui remet un ou plusieurs fonds héréditaires plus productifs. Cette interprétation ne nous paraît pas exacte, car, si tel était le sens des mots « *si nulla in ea re captio sit futura* », Scœvola dirait : la restitution de la dot a été valablement faite, si d'autres fonds ont été livrés au mari en échange du fonds dotal. Or, le jurisconsulte n'aurait pas eu à se demander si la dot était valablement restituée dans l'hypothèse qu'il prévoyait, puisqu'il n'y aurait eu aucune restitution, mais un échange du bien dotal, opération qui était toujours permise (Lois 25,

26, 27. Dig., *de jure dotium*, 23-3). Au lieu de faire la réponse que nous indiquons plus haut, Scœvola fait celle-ci : « la restitution est valable si le prix est réellement payé aux créanciers » ; ce qui prouve bien qu'il s'agit de savoir si le but légitime mis en avant pour obtenir la restitution a été réellement atteint, si par conséquent la restitution a eu lieu pour une juste cause. Il faut donc traduire ces mots : *maritus consentit si nulla in ea re captio sit futura,* ainsi : « le mari y consent s'il ne doit y avoir en cela aucune surprise » c'est-à-dire si le but indiqué est bien réel, si l'argent est bien employé à cet objet (1).

§ 3. — Troisième cas de restitution volontaire
de la dot.

Le troisième cas de restitution volontaire de la dot est le suivant : *ut fundum idoneum emat ; — ut prædia idonea emat.*

Que faut-il entendre par ces mots : « *fundus idoneus, prædium idoneum* »?

Voici d'abord, d'après M. Pellat, la signification de l'épithète *idoneus.* « L'épithète *idoneus* désigne chez

1. Pellat, textes sur la dot, 2ᵉ édit., page 431.

les jurisconsultes, comme chez les auteurs classiques, ce qui est apte, propre à atteindre le but qu'on se propose ; elle s'applique tant aux personnes qu'aux choses. Aux personnes : par exemple, *debitor idoneus*, un débiteur solvable ; *defensor idoneus*, un défenseur qui peut donner la caution exigée ; *fidejussor idoneus*, un fidéjusseur sûr, non seulement assez riche, mais facile à poursuivre. Aux choses, par exemple, *pignora idonea*, gages qui donnent une sûreté complète ; *nomina idonea*, bonnes créances, placements sûrs ; *bona idonea*, biens suffisants pour le payement des dettes ; *cautio idonea*, caution suffisante. »

Quel est maintenant dans les lois 73 *de jure dotium*, et 20, *soluto matrimonio*, le but à atteindre, en vue duquel la femme achète un fonds suffisant ?

Les commentateurs sont en désaccord sur ce point.

I. — Les uns pensent, avec Gluck, que le *fundus idoneus*, le *prædium idoneum*, dont parlent nos textes, est un fonds propre à atteindre le but de la dot, c'est-à-dire à subvenir aux charges du ménage. Il est avantageux pour la femme d'avoir une dot immobilière plutôt qu'une dot mobilière : son mari peut dissiper la dot mobilière et se trouver dans l'impossibilité de la restituer, tandis qu'il ne peut pas aliéner l'immeuble dotal sans son consentement. De plus, la possession d'un fonds procure à la femme et à son mari l'avantage d'être dispensés de fournir caution s'ils sont défendeurs dans un procès (1). Gluck suppose que le fonds acheté ainsi par la femme avec les valeurs dotales restituées par le mari vient remplacer comme dotal dans le patrimoine du mari les valeurs qui en sont sorties. C'est là une théorie inadmissible ; car, s'il en était ainsi, nous n'aurions pas une restitution anticipée de la dot, mais un échange de la dot, *permutatio dotis*: la restitution n'aurait existé qu'un instant de raison ; et, à la dissolution du mariage, le mari se trouverait avoir entre les mains une dot d'une valeur égale à celle qui lui avait été primitivement donnée, et il devrait la restituer. On ne voit pas, d'ailleurs, pourquoi le mari aurait restitué à la femme les valeurs dotales pour qu'elle acquît un fonds qu'il recevrait ensuite d'elle, puisqu'il pourrait fort bien acheter lui-même le fonds et le rendre dotal avec le consentement de la femme (2).

II. — D'autres auteurs, et parmi eux M. Pellat,

1. Loi 15, princ. et § 3, Dig., *qui satisdare coguntur*, 2-8. « *Sciendum est possessores immobilium verum satisdare non compelli... Si fundus in dotem datus sit, tam uxor quam maritus propter possessorum ejus fundi possessores intelliguntur.* »
2. Lois 25, 26 et 27, *de jure dotium*, Dig., 23-3.

admettent bien pour l'interprétation des mots :
fundus idoneus, prædia idonea, l'explication de Gluck,
mais toutefois, ce qui la rend plus plausible, avec
cette restriction : que le fonds acheté, au lieu d'être
remis par la femme au mari pour devenir dotal,
resterait entre ses mains sans avoir cette destination. En somme, *fundus idoneus* serait un fonds d'un
usage commode ou d'un bon rapport. La restitution
serait permise pour faire un emploi avantageux de
la dot en immeubles.

Si cette doctrine était exacte, le cas de restitution
volontaire de la dot que nous étudions n'aurait aucune utilité et pourrait avoir des conséquences dan-
gereuses.

Il serait inutile, car si l'acquisition d'un immeuble à la place d'un dot mobilière était avantageuse,
le mari pourrait fort bien, nous l'avons signalé déjà,
le faire lui-même avec le consentement de sa femme
et rendre cet immeuble dotal.

Il serait en outre dangereux ; en effet, les immeubles acquis avec les valeurs dotales restituées par
le mari seraient paraphernaux entre les mains de
la femme qui en aurait la libre disposition pendant
le mariage, pourrait les aliéner, les hypothéquer, et
diminuer ainsi son patrimoine sans compensation.
Si, au contraire, le mari avait lui-même employé
les deniers dotaux à l'acquisition de ce fonds, la

femme aurait eu les mêmes avantages au point de vue du rapport, et de plus, la conservation de l'immeuble aurait été au moins assurée par les dispositions de la loi Julia.

III. — Selon Hasse, par les mots *prædium idoneum*, il faut entendre un fonds propre à garantir le paiement d'une dette déjà née ou une obligation que la femme va contracter. Cet auteur observe que l'épithète *idoneus* étant employée dans nos lois 73 et 20 d'une manière absolue, et sans que rien dans la phrase indique quel est le but, l'objet auquel elle se réfère, il faut rechercher si elle n'a pas, en jurisprudence, un sens habituel, en quelque sorte technique, qu'il soit naturel de lui attribuer quand elle figure isolément. Or, remarque M. Hasse, on trouve que dans les expressions *pignora idonea, nomen idoneum, debitor idoneus, bona idonea, cautio idonea,* elle signifie constamment : « propre ou suffisant à fournir ou à assurer le paiement d'une dette. » Et, il en conclut que *fundus idoneus, prædium idoneum,* veut dire « fonds propre à garantir le paiement d'une dette. »

La femme avait besoin d'un immeuble pour l'hypothéquer à un créancier, soit afin d'obtenir de lui un délai, soit afin de satisfaire à la promesse qu'elle lui en avait faite. Ou bien, elle est tenue de fournir une *satisdatio* pour la garantie de sa promesse, de son obligation : par exemple, de donner la *cautio damni infecti* pour une maison dont elle a l'usufruit ; en qualité d'usufruitière, elle doit non pas *nuda repromissio*, comme le propriétaire, mais *satisdatio*. Ou bien encore, elle est héritière et obligée de donner caution avec fidéjusseur pour les legs à terme ou sous condition. Or, on ne trouvait pas facilement des personnes disposées à se porter fidéjusseurs si on n'avait pas à leur offrir des sûretés pour leur remboursement, et la meilleure garantie était une hypothèque sur des immeubles.

Dans ces diverses situations et dans d'autres semblables, le mari pouvait donc venir au secours de la femme en lui procurant par la restitution anticipée de l'argent dotal, les moyens d'acheter l'immeuble dont elle avait besoin. Il n'aurait pu obtenir le même résultat en achetant lui-même avec le concours de la femme, et avec de l'argent dotal, car la loi Julia défendait d'hypothéquer un immeuble dotal, même avec le consentement des deux époux.

Cette interprétation de Hasse a cela de plausible qu'elle permet de rattacher le troisième cas de restitution volontaire de la dot *constante matrimonio* au second, comme Paul le fait lui-même en disant « *ut æs alienum solvat, aut prædia idonea emat* » dans la loi 20, *soluto matrimonio* précitée. Dans les deux cas, le motif de la restitution est le même : tirer la femme d'embarras, en lui fournissant l'argent dont elle a besoin, soit pour payer un créancier, soit pour se procurer une sûreté à offrir au créancier lui-même ou au fidéjusseur qui va la cautionner. On comprend bien que le législateur romain ait fait fléchir le principe de la prohibition de restituer la dot durant le mariage dans la situation pleine d'intérêt où se trouve la femme.

L'explication de Hasse nous paraît préférable à celle que donnent les deux premiers systèmes et c'est à son opinion que nous nous rangeons.

§ 4. — *Quatrième cas de restitution volontaire de la dot.*

Le dernier cas de restitution volontaire a pour but de mettre la femme en état de soutenir ou de racheter de captivité des personnes qui lui tiennent de près : « *ut in exilium, vel in insulam relegato præstet alimonia, aut ut egentem virum, fratrem, sororemve sustineat* (Loi 73) ; — *ut liberis ex alio viro egentibus, aut fratribus consuleret, vel ut eos hostibus redimeret* (Loi 20).

Ce cas de restitution volontaire ne paraît pas avoir

été établi par la loi, mais par les jurisconsultes. C'est ce qui résulte de la façon dont Paul s'exprime dans la loi 20, *soluto matrimonio* : « *Quamvis mulier non in hoc accipiat constante matrimonio dotem, ut æs alienum solvat aut prædia idonea emat, sed ut liberis ex alio viro egentibus, aut fratribus, aut parentibus consuleret, vel ut eos ex hostibus redimeret, quia justa et honesta causa est, non videtur male accipere...* »

Aussi pensons-nous que la restitution volontaire de la dot sera valablement faite à la femme pour lui permettre de secourir d'autres personnes que celles mentionnées dans nos textes et auxquelles elle serait attachée par les liens de l'amitié et de la reconnaissance. Il y aurait bien dans ce cas le motif de la loi 20 « *justa et honesta causa.* »

C'est d'ailleurs l'opinion des anciens commentateurs : « *Tertius casus est pietatis ratio : unde quod dicitur, in lege 73 parag. 1, videlicet ut dos possit solvi mulieri, constante matrimonio, ut in exilium vel in insulam relegato parenti alimonia præstet, est positum gratia exempli ; nam idem est dicendum in omni alio casu ubi esset similis pietas, ut patet in lege 20, soluto matrimonio, videlicet ut parentes ipsius mulieris et fratres et filios ex alio matrimonio gentes nutricit, et ut dictas personas vel alias personas mulieri necessarias redimat a captivitate vel carceribus, et idem si pro persona capti mariti, vel aliter gentis dos dota vel erogaretur.* » (Bal-

dus Novellus, de dote, 7ᵉ partie, privilège 20, page
128).

Nous ne voyons donc aucune difficulté à étendre
le cercle des personnes énumérées dans les lois 73
et 20, et à y faire entrer, par exemple, un neveu
orphelin, un beau-père qui aurait élevée la femme
comme sa propre fille.

Une question délicate reste à résoudre, c'est de
déterminer le sens exact du mot « *egens vir* » employé par Paul dans la loi 73 par. 1.

Il est un point sur lequel on est d'accord, c'est
qu'il ne s'agit pas *du mari qui restitue la dot*, et demeure ensuite sans ressources ; car, ce serait un cas
où la femme pourrait, non pas seulement recevoir
valablement, mais exiger la restitution de la dot (1).
La cause de la restitution serait du reste mal indiquée : ce serait la crainte qu'éprouverait la femme
de perdre sa dot, et non le désir de subvenir aux
besoins de son mari.

Hasse pense que les expressions « *egens vir* » font
allusion à un premier mari divorcé. Il remarque
qu'il n'y a rien d'impossible à ce que la femme
veuille fournir des aliments à un premier mari qui
serait tombé dans le besoin ; le divorce ne suppo-
sait pas nécessairement que les époux soient des

1. Loi 24, *princ. Sol. matrim.* Dig. 24-3.

ennemis irréconciliables, surtout à une époque où les séparations d'un commun accord, *bona gratia*, étaient si fréquentes à Rome.

D'autres auteurs croient qu'il faut entendre par « *egens vir* » le mari actuel, et supposer que ce n'est pas lui qui rend la dot, mais son père, sous la puissance duquel il est placé. Nous savons qu'en droit romain, ni l'âge, ni le mariage ne faisaient sortir le mari de la puissance paternelle : beaucoup de maris s'y trouvaient soumis. Ce n'étaient pas eux qui recevaient la dot de leurs femmes, mais bien leurs pères. Ils n'en devenaient propriétaires qu'à la mort de ceux-ci.

Supposons qu'un père de famille ne puisse pas pourvoir facilement aux dépenses du mariage de son fils et à l'administration des biens dotaux, à cause de l'éloignement de sa résidence, ou pour toute autre cause ; supposons, d'autre part, qu'il ne puisse pas confier ces soins à son fils qui est incapable ou prodigue : il sera alors libre de restituer la dot à sa belle-fille en qui il a plus confiance, afin qu'elle se charge elle-même de subvenir aux besoins de son mari. Cette restitution aura pour effet d'assurer pour le cas de la mort du père la conservation de la dot, en l'empêchant de tomber au pouvoir du mari dissipateur ou obéré. Cette explication n'est pas contredite par les textes qui ne disent pas par qui la dot est rendue « *uxori dos reddi potest* » — « *dos recte mulieri solvitur.* » Mais, elle n'en est pas moins inadmissible. En effet, ou le mari est encore sous la puissance de son père, et alors celui-ci, qui par hypothèse se trouve dans l'aisance, doit le nourrir ; ou il a été émancipé, et par application du principe que la dot suit les charges du mariage, il a dû, lors de son émancipation, emporter avec lui la dot. « *Ibi dos esse debet, ubi onera matrimonii sunt* (1). » Il ne peut donc pas être question d'une restitution que le mari ferait à la femme pour subvenir aux besoins du mari.

Voici ce que pense M. Pellat sur la question : « Je soupçonne fort, dit-il, qu'il y ait eu ici quelque faute de copiste. Paul pourrait bien avoir écrit dans le premier texte : *egentem ex alio viro filium*, comme il a écrit dans le second : *liberis ex alio viro egentibus*. Avec cette correction, notre L. 73 présenterait toutes les personnes mentionnées dans la L. 20, et seulement celles-là » (2).

Quant à nous, nous partageons l'opinion de Hasse qui nous paraît donner une explication très vrai-

1. Pellat, textes sur la dot, pages 49 et 255. — Savigny, systèm., t. II, page 115.

2. Pellat, *loc. cit.*, pages 373 et 374.

semblable des expressions *egens vir*, et faire concorder la loi 73 qui les contient avec la loi 20 qui parle de *liberis ex alio viro egentibus*. Il s'agirait donc bien d'un premier mari divorcé dans le premier de ces textes.

CHAPITRE III

A quels biens dotaux s'applique la restitution volontaire
de la dot « constante matrimonio » ?

La dot peut être une *dos profectitia*, ou une *dos
adventitia*, ou une *dos receptitia*.

On la nomme *profectitia* lorsqu'il importe de savoir par qui elle a été donnée, car c'est au constituant qu'elle doit retourner si la femme prédécède
sans avoir divorcé. La dot n'est profectice que quand
elle provient du père ou d'un autre ascendant paternel mâle de la femme ; ce n'est qu'à eux que la
dot peut revenir de droit, par cette seule raison
qu'ils l'ont constituée. Ce retour légal est une sorte
de faveur accordée à l'ascendant pour le consoler,
et ne pas ajouter à la douleur que lui fait éprouver
la mort de sa fille, le regret de perdre la dot qu'il
lui avait donnée : « *Jure succursum est patri, ut filia
amissa solatii loco cederet, si redderetur ei dos ab ipso
profecta, ne et filiæ amissæ. et pecuniæ damnum sentiret* » (Loi 6, princ., Dig., *de jure dotium*, 23-3).
D'ailleurs, il n'est pas nécessaire que l'ascendant

lui-même ait constitué la dot; quelqu'un peut la donner pour son compte, et ceci s'entend soit du cas où celui qui la donne pour l'ascendant avait d'avance mandat de sa part, soit du cas où la dation qu'il a faite sans mandat et comme gérant l'affaire de l'ascendant a été ensuite ratifiée par celui-ci. Dans ces deux cas, si le constituant a donné en dot des choses appartenant à l'ascendant, la dot est constitué *de bonis parentis*; s'il a donné ses propres biens, la dot est constituée *facto parentis*, et retombe en définitive à la charge de l'ascendant par suite de l'*actio contraria mandati* ou *negotiorum gestorum* dont il est tenu (Loi 5, princ. Dig., *de jure dotium*, 23-3). Il importait peu aussi que la fille soit sous la puissance de son père ou bien émancipée, la dot constituée par l'ascendant paternel n'en était pas moins profectice. La raison en était que ce n'était pas le droit de puissance paternelle, mais le titre de père qui donnait à la dot ce caractère. Mais il fallait que la dot fût constituée par le père en cette qualité; s'il la donnait en tant que débiteur de sa fille et de son consentement, la dot n'était plus profectice (Loi 5, § 11, Dig., 23-3).

La dot constituée par toute autre personne que le père ou l'ascendant paternel mâle de la femme, est dite *adventitia*, qu'elle émane de la femme elle-même, d'un ascendant maternel, d'un autre parent ou d'un étranger (1). La dot adventice ne retourne jamais au constituant en cette seule qualité : on n'a donc jamais à s'enquérir d'où elle advient.

Elle ne pourrait revenir à la personne qui l'a constituée qu'en vertu d'une stipulation expresse ; dans ce dernier cas, on appelle la dot *receptitia* (2).

Demandons-nous maintenant si la femme pouvait obtenir la restitution volontaire de la dot durant le mariage, dans tous les cas, quel que soit le caractère de la constitution, que la dot soit profectice, adventice, ou réceptice.

S'agissait-il d'une dot profectice, la femme *sui juris* ou *filiafamilias*, pouvait en recevoir valablement le paiement volontaire. Paul, dans la loi 20, *in fine*, *Soluto matrimonio*, le dit expressément pour le cas où elle était *filiafamilias* qui pouvait faire difficulté : « *Idque et in filiafamilias observatur.* » D'où il faut conclure que si, durant le mariage, la femme décédait étant toujours *filiafamilias*, son père, qui avait l'*actio rei uxoriæ* pour réclamer la dot profectice, ne reprenait les biens dotaux que déduction faite de ceux valablement rendus à sa fille *constante matrimonio*.

S'agissait-il d'une dot adventice ? Cette dot ne retournait pas de plein droit au constituant, mais res-

---

1. Ulpien, *Règles*, tit. 6, § 3.
2. Ulpien, *loc. cit.*, tit. 6, § 5.

fait toujours au mari (1). On ne voit pas dès lors
comment la femme en aurait pu demander la restitution volontaire pendant le mariage. Elle n'avait
aucun droit même éventuel sur cette dot. Que si le
mari l'avait rendue de son plein gré en totalité ou
en partie *constante matrimonio*, il y aurait une donation entre époux.

Quid d'une dot réceptice ? Deux cas sont à considérer. Si la dot a été constituée avec stipulation de
retour par la femme elle-même, la restitution volontaire en est possible durant le mariage dans les
hypothèses que nous avons signalées. Si au contraire,
elle a été constituée avec la même stipulation par
une autre personne que la femme, le mari ne peut
valablement la rendre *constante matrimonio*. « Il est
en effet obligé par le contrat envers celui qui a constitué la dot réceptice à la lui restituer à lui-même
après la dissolution du mariage ; et, il ne saurait,
par son propre fait, se soustraire à cette obligation.
Il n'a donc aucun droit de disposer, au détriment du
constituant, du capital d'une dot réceptice, dont
celui-ci s'est réservé le retour, et dont par conséquent les revenus seuls doivent rester au mari pour
les charges du mariage. Le mari, il est vrai, en qualité de propriétaire, aliène valablement la dot, en ce

1. Ulpien, Rég., tit. 6, § 5.

sens qu'il transporte irrévocablement la propriété des choses dotales ; mais il ne se libère nullement par là de l'obligation qu'il a contractée envers le constituant » (1). Ajoutons d'ailleurs que la demande en restitution de la femme ne se comprendrait pas puisqu'elle n'a aucun droit sur cette dot réceptice dont elle ne profite dans aucun cas.

1. Pellat, *loc. cit.*, p. 375 et 376.

CHAPITRE IV

Comment s'opère la restitution voluntaire de la dot
« constante matrimonio »

Il va sans dire que, dans les cas exceptionnels où la restitution de la dot pouvait être faite volontairement par le mari *constante matrimonio*, aucune action ne compétait à la femme.

Tout se passait à l'amiable entre elle et le mari.

La nécessité ou l'utilité de la restitution de la dot, dans chaque cas où elle était permise, était tout à fait laissée à l'appréciation du mari. Il était libre de restituer ou de ne pas restituer. Et, s'il consentait à faire à la femme une remise partielle ou totale des biens dotaux durant le mariage, c'était un acte purement gracieux de sa part. Si, au contraire, il s'y refusait, la femme ne pouvait l'y contraindre : elle n'avait aucune action.

Au cas où le mari acceptait de rendre la dot dans l'une des hypothèses que nous avons étudiées, jouissait-il des délais ordinaires pour opérer cette restitution ?

Nous savons que, lorsque la restitution de la dot avait lieu à l'époque normale, c'est-à-dire à la dissolution du mariage soit par le divorce, soit par le décès de l'un des époux, le mari ou ses héritiers n'étaient pas obligés de la faire sur le champ : ils bénéficiaient de certains délais dont la durée a varié.

A l'époque classique, on distinguait suivant que la dot comprenait ou non des corps certains. Dans le premier cas, si la dot était composée de choses *quæ pondere, numero, mensurave continebantur*, la restitution en devait être opérée en trois termes, d'année en année. Si, au contraire, la dot consistait en des corps certains, qui devaient être rendus en nature, il n'y avait aucun délai pour la restitution (Ulpien, Règles, tit. VI, § 8). Il était d'ailleurs admis que des conventions spéciales pouvaient allonger le délai de la restitution ; mais tout pacte qui aurait tendu à le diminuer était frappé de nullité (Lois 14, 17, 18, 19, Dig., *de pactis dotalibus*, 23-4).

Justinien modifia cette législation. Il supprima la distinction qui était faite à l'époque classique pour la remplacer par une autre : il décida que, si la dot était composée de choses mobilières ou de biens incorporels, elle devait être restituée dans l'année qui suivait la dissolution du mariage, et, si elle consistait en immeubles, elle devait l'être sans délais (*Lex unica*, § 5, Code, *de rei uxoriæ act.*, 5-13).

— Les règles qui précèdent ne pouvaient recevoir leur application dans les cas de restitution volontaire de la dot. Dans de telles hypothèses, accorder au mari de longs délais, trois ans ou un an, suivant les époques, c'eût été rendre la restitution inutile. D'ailleurs, puisqu'on se trouvait en présence d'une restitution résultant de la libre volonté des époux, il fallait les laisser régler eux-mêmes les conditions dans lesquelles elle devait s'opérer.

CHAPITRE V

Des « Retentiones » permises au cas de restitution volontaire de la dot

Le mariage dissous, le mari poursuivi en restitution de la dot par l'action *rei uxoriæ* avait le droit d'exercer certaines retenues dont Ulpien donne l'énumération suivante :

« *Retentiones ex dote fiunt, aut propter liberos, aut propter mores, aut propter impensas, aut propter res donatas, aut propter res amotas.* » Ulpien, Règles, titre VI, § 9.

Le mari pouvait-il effectuer ces mêmes retenues dans les cas de restitution volontaire que nous avons déterminés plus haut ?

La question est complexe : et, pour la bien résoudre, il importe de passer rapidement en revue les différentes *retentiones* et de déterminer en quelques mots les conditions d'exercice et la nature de chacune d'elles.

I. — *Retentio propter liberos*

Cette *retentio* a lieu quand les trois conditions suivantes sont remplies : que le mariage a été dissous par une répudiation ; qu'il y a faute de la femme ou du *paterfamilias* sous la puissance duquel elle est placée ; et enfin, qu'il est né des enfants du mariage.

Elle est fondée sur ce motif que le mari, continuant à supporter une partie des charges du ménage, l'éducation et l'entretien des enfants, doit conserver la portion de la dot qui était destinée à cet usage et qui aurait encore cette destination sans la faute de la femme ou du beau-père. Son but est donc double : punir la femme à qui est imputable la rupture du mariage et indemniser le mari des charges qui lui restent.

Il est bien des cas où la *retentio propter liberos* peut être exercée indépendamment de toute faute de la femme : elle est alors fondée uniquement sur ce que la charge des enfants reste au mari. C'est ce qui se produit dans l'hypothèse où le mariage se dissout par la mort de la femme et que son père réclame la dot profectice, et dans celle où une convention spéciale jointe à la constitution de dot l'a expressément stipulée en vue d'un divorce *bona gratia*.

Mais ce sont là des exceptions que rien n'autorise à étendre à la restitution de la dot. Les caractères de la *retentio propter liberos* restent ceux que nous avons indiqués plus haut. Nous ne saurions dès lors l'appliquer à notre espèce : nous ne nous trouvons pas en présence d'un divorce, et la femme n'a pas commis de faute. D'ailleurs ne doit-elle pas employer les revenus des biens dotaux à nourrir et entretenir la famille (Loi 29, Code 5-12).

Du reste la *retentio propter liberos* disparut sous Justinien qui en explique la suppression dans les termes suivants :

« *Sileat ob liberos retentio, quum ipse naturalis stimulus parentes ad liberorum suorum educationem hortetur* » (Loi 1-5, C., *De rei uxor. act.* 5, 13).

II. — *Retentio propter mores.*

La *retentio propter mores* s'exerce comme la précédente au cas de dissolution du mariage par un divorce que l'inconduite de la femme a rendu nécessaire. Elle fait partie de cet ensemble de peines pécuniaires que l'on dut établir contre l'époux coupable, lorsque le nombre de divorces se mit à augmenter d'une façon inquiétante, pour rendre indirectement la rupture du mariage plus difficile. Si le mariage se dissout par la mort de la femme ou la mort du mari, il ne saurait être question de la *retentio propter mores*, puisqu'elle est la peine d'une offense faite par la femme au mari, et qu'elle les suppose l'un et l'autre parties dans l'action. Or, dans les cas autres que le divorce, ou bien la poursuite est dirigée contre les héritiers du mari, ou bien c'est le père de la femme qui exerce l'action dotale.

Dans les hypothèses où la restitution de la dot était permise durant le mariage, il y avait une raison de plus pour que la *retentio propter mores* ne puisse être exercée, puisqu'il n'y avait ni dissolution du mariage, ni procès entre les époux.

Le mari avait d'ailleurs une action spéciale, un *judicium morum*, une *actio de moribus*, qui lui permettait de réclamer à la femme à la dissolution du mariage le montant de la retenue qu'elle pouvait avoir encouru à cause de ses mauvaises mœurs.

Les empereurs Constantin et Justinien organisèrent un système de peines très dures contre la femme adultère. La *retentio propter mores* n'eut plus dès lors sa raison d'être. Elle fut supprimée par la loi 1-5, Code, *de rei uxor. act.*

III. — *Retentio propter res donatas.*

La troisième cause de retenue se trouve dans les donations que le mari aurait faites à sa femme durant le mariage. La *retentio propter res donatas* est en réalité la sanction des donations entre époux.

Ces donations furent d'abord permises à Rome : mais elles étaient rares, parce que la plupart des femmes mariées, étant *in manu*, n'avaient rien à donner et ne pouvaient rien recevoir pour elles-mêmes. Plus tard, la *manus* étant devenue moins fréquente, la coutume en arriva à défendre les donations entre époux dans le double but d'assurer la liberté et l'indépendance de chacun d'eux, et d'empêcher que le maintien du mariage ne s'achetât à prix d'argent. Cette prohibition souffrait cependant quelques exceptions *mortis causa, divortii causa, servi manumittendi gratia* (1) ; mais, en dehors de ces cas limitativement déterminés, la donation était nulle. Il en résulte que le mari donateur pouvait, lors de la restitution de la dot et qu'elle qu'en soit la cause, même si elle était volontaire, invoquer la nullité de la donation qu'il avait consentie à sa femme, et retenir la valeur des choses données.

1. Ulpien, Reg. VII, 1.

Cette législation fut en vigueur jusqu'à la fin du règne de Septime Sévère ; à cette époque, elle fut modifiée par le Sénat sur la proposition d'Antonin Caracalla.

Désormais, la donation, tout en restant nulle de plein droit, put être tacitement confirmée par cela seul que le donateur mourait dans la même volonté et le mariage subsistant encore. La nullité ne devenait donc définitive que par le repentir du donateur, le prédécès du donataire, ou le divorce. Le mari était libre de révoquer la donation ; il pouvait certainement manifester son intention à cet égard en demandant à exercer la *retentio propter res donatas* au moment où il restituait la dot de son plein gré dans les hypothèses que nous avons étudiées plus haut.

Ainsi donc, avant comme après Caracalla, cette retenue, étant uniquement fondée sur la prohibition des donations entre époux, était susceptible d'être opérée par le mari lors de la restitution volontaire de la dot.

D'ailleurs, ce n'était pas seulement par voie de rétention, mais aussi par voie d'action que le mari pouvait rentrer en possession des choses qui avaient fait l'objet de la donation. Les actions instituées dans ce but parurent suffisantes à Justinien qui supprima la *retentio propter res donatas* (1).

1. Loi 4-5, C., *De rei uxor. act.* « *Ex qua causa ob res dona-*

IV. — *Retentio propter res amotas.*

Cette *retentio* a pour objet le montant des valeurs que la femme aurait volées à son mari *divortii causa*; elle permet au mari de recouvrer la valeur de ce qui lui a été enlevé.

Son fondement est le même que celui de l'action *rerum amotarum*. C'est une application de ce principe que le *furtum* commis par l'un des époux au préjudice de l'autre ne donne pas lieu contre l'époux coupable à l'action *furti*.

La *retentio propter res amotas* était certainement applicable aux cas de restitution volontaire de la dot. Il ne fallait pas que la femme fasse un bénéfice des détournements qu'elle avait commis au préjudice de son mari. D'ailleurs, elle ne devait pas retirer un profit de son délit.

La *retentio propter res amotas* disparut sous Justinien comme les *retentiones* qui précèdent (1).

---

les retentio introducatur, quum sit donatori facultas per actionem in rem directam, vel per utilem, vel per condictionem suo juri mederi. »

1. L. 4-5. C.. *De rei uxor. act.* « *Nec retentio ob res amotas necessaria est quum pateat omnibus maritis rerum amotarum judicium.* »

Justinien, la considérant comme inutile en présence de l'action *rerum amotarum*, la supprima par la Loi 1-5, C., *De rei uxor. act.*

V. — *Retentio propter impensas.*

Cette *retentio* avait pour but d'indemniser le mari des dépenses qu'il avait faites à l'occasion des biens de la femme.

Ulpien divise ces impenses en trois catégories : nécessaires, utiles, voluptuaires (1).

Les impenses nécessaires sont celles qui tendent à prévenir des pertes ou des détériorations et que le mari ne pourrait se dispenser de faire sans engager sa responsabilité (2). Ulpien nous donne pour exemple la réparation d'une maison qui menace ruine. Quant à l'entretien des esclaves, au paiement des impôts, aux impenses faites dans les propriétés pour les faire fructifier, ce sont des dépenses d'entretien qui sont considérées comme des charges de jouissance et doivent être supportées par le mari. « *Tueri res dotales vir suo sumptu debet.* »

Les raisons d'être de la *retentio ob impensas necessarias* se conçoivent aisément : ces dépenses ont con-

1. Ulpien. Reg., VI, 14.
2. L. 1-4, L. 14, Dig., *De impens. in res dot. fact.*, 25-1.

servé la chose dotale ; celle-ci n'a pas plus de valeur qu'autrefois : mais, sans ces impenses, elle n'existerait plus ou elle n'existerait qu'amoindrie ou détériorée ; il est donc de toute justice que la dot ne soit restituée que déduction faite des dépenses qui l'ont empêchée de périr. Aussi les textes expriment-ils le principe de cette retenue d'une façon très énergique : « *Impensæ necessariæ ipso jure dotem fiunt* » (1).

Les impenses utiles sont celles qui, n'ayant rien d'obligatoire et pouvant être négligées sans aucun risque, ont cependant ajouté quelque chose à la valeur de la dot et l'ont améliorée.

Dans l'ancien droit romain, le mari n'était pas considéré comme mandataire ou *negotiorum gestor* lorsqu'il faisait de pareilles dépenses utiles sur une chose dotale, puisque cette chose était sa propriété. On admit toutefois, parce que l'action *rei uxoriæ* était essentiellement fondée sur l'équité, qu'il pourrait recouvrer ces impenses utiles par voie de rétention. Ulpien, reproduisant sur ce point l'opinion de Sabinus, donne de cette *retentio* une seconde raison : il déclare que sans elle le mari se trouverait avoir fait une donation à sa femme, ce qui était défendu

1. Le commentaire de cette règle se trouve dans un passage d'Ulpien qui forme la L.5, princ. du Titre *De Impens. in res dot. fact.*, au Digeste, 25-1.

même quand la donation avait pour objet des impenses.

La *retentio ob impensas utiles* n'était pas d'une application aussi générale que la *retentio ob impensas necessarias*.

Il y avait à cet égard lieu de faire la distinction suivante qui résulte d'un texte de Paul (1). Si les dépenses avaient été faites par le mari du consentement de la femme, la retenue était admise; s'il les avait faites de son propre chef, il ne pouvait s'en faire indemniser qu'autant que les circonstances ne rendaient pas le remboursement trop onéreux à la femme; autrement, il ne lui restait d'autre ressource que de les enlever : il n'eût pas été juste de forcer la femme à vendre sa chose pour payer des impenses faites sur cette chose. Il en résultait que si la femme avait consenti à la dépense, elle était tenue de rembourser le montant entier des impenses. Dans le cas contraire, et en absence de dispositions spéciales, on s'en rapportait aux principes généraux, et on décidait que ce remboursement ne devait pas dépasser le montant de la plus-value si l'augmentation de la valeur était inférieure au prix des travaux, mais qu'il ne devait être que de la somme dépensée si la plus-value était supérieure à la dépense (2).

1. L. 8, Dig., *De impens. in res dot. fact.*, 25-1.
2. L. 38, Dig., *De rei vendicatione*, 6-1.

Les impenses voluptuaires sont celles qui n'ont ni conservé ni amélioré la dot et n'ont eu d'autre but que l'agrément (1).

Il est bien évident que, par des dépenses de cette nature, le mari n'a pas obligé la femme ; aussi ne peut-il la forcer à lui en tenir compte, qu'elle les ait approuvées ou non, ni exercer une *retentio* du chef des impenses voluptuaires. Tout ce que l'équité demande, c'est que la femme ne puisse s'enrichir aux dépens du mari, et que l'on permette à ce dernier d'enlever ce qu'il peut séparer de la chose principale sans la détériorer, si la femme ne préfère conserver les améliorations en payant leur valeur.

Il est une autre catégorie d'impenses qui, bien que faites en dehors des choses dotales, donnent lieu à une *retentio* lors de la restitution de la dot. Elles sont prévues par la L. 21, D., *Solut. matrim.*, 24, 3. « Si le mari a dépensé les sommes totales pour racheter des mains des voleurs ou pour tirer de prison des personnes nécessaires à la femme, la dot se trouve diminuée d'autant, de telle sorte que l'action *rei uxoriæ* s'éteindra pour le tout, si les dépenses ont absorbé la dot entière ou seulement pour partie si elles ne l'ont absorbé qu'en partie. » Par personnes

1. L. 7, *princ.*, Dig., *De impens. in res dot. fac.*, 25-1.

nécessaires, on entend le père de la femme, les autres ascendants, les frères, les sœurs et les enfants d'un autre lit. (Lois 73, *de jure dotium*, et 20, *Soluto matrimonio*, précitées).

Les différentes *retentiones ob impensas* ont un caractère commun, ainsi que le rapide exposé que nous venons de faire nous le témoigne : elles reposent toutes sur un intérêt pécuniaire, et n'ont qu'un but, c'est d'indemniser le mari d'une dépense qu'il a faite dans l'intérêt de la femme.

Il en résulte que le droit à ces retenues s'ouvre dans tous les cas de dissolution du mariage, et aussi dans les hypothèses où la restitution volontaire de la dot est autorisée *constante matrimonio*. La raison de décider est la même.

Les *retentiones ob impensas*, de même que les autres *retentiones*, ne devaient pas survivre à l'action *rei uxoriæ* dont elles n'étaient que le complément et le correctif. Aussi Justinien, en faisant prévaloir dans sa nouvelle action dotale les règles de l'action *ex stipulatu*, décide-t-il qu'elle ne comporterait aucune espèce de retenue, si ce n'est *propter impensas necessarias* (1).

Si le mari a fait des travaux d'agrément, il n'a que le droit de les enlever.

1. L. 1-5, C., 5, 13.

Quant aux dépenses utiles, il peut en demander le remboursement par l'action *mandati contraria*, si la femme les a approuvées, et par l'action *negotiorum gestorum*, si elle les a ignorées. D'ailleurs, ces actions ne pouvaient être exercées qu'après la restitution volontaire, forcée, ou normale de la dot, et non pas pendant que le mari était propriétaire du bien auquel la dépense s'appliquait. Suivant l'opinion générale, les impenses utiles formaient une véritable créance, le mari n'étant plus propriétaire de la dot que par une fiction de droit. La compensation en pouvait donc être opérée par le juge avec le montant de la dot, pourvu que la créance soit certaine et utile. La *retentio ob impensas utiles* subsistait dans cette proportion (M. Accarias, t. II, page 1058, n° 2).

Quant aux dépenses nécessaires, Justinien conserva avec toute son ancienne portée le principe « *impensæ necessariæ ipso jure dotem minuunt.* » Ce fait est hors de doute, car il est confirmé par la L. 1-5, C. *De rei uxor. act.*: « *Quum enim necessariæ quidem expensæ dotis minuunt quantitatem* » et par le § 37 *De action. Inst.* : « *Propter retentionem quoque dotis repetitio minuitur : nam ob impensas in res dotales factas marito retentio concessa est, quia ipso jure necessariis sumptibus minuitur.* » Ce texte a d'autant plus d'importance qu'il est postérieur de quelques années à la constitution qui supprima les autres *relcationes ex dote*.

APPENDICE. — Le bénéfice de compétence est-il accordé au mari dans les cas de restitution volontaire de la dot *constante matrimonio* ?

Lorsque le mari est actionné par la femme à la dissolution du mariage en restitution de la dot, il jouit d'une faveur spéciale appelée bénéfice de compétence, en vertu de laquelle il ne doit être condamné que jusqu'à concurrence de ce qu'il peut payer, « *in id quod facere potest ita ut non tantum quod habet ei extorquatur, sed ipsius quoque ratio habeatur ne egeat.* » (Jacob Gothofredus, p. 1163).

Ce bénéfice peut-il recevoir son application dans les cas où le mari restitue volontairement la dot durant le mariage ?

Evidemment non. Le mari qui est insolvable ne voudrait pas consentir à a restitution de la dot. Et puis le vœu du législateur romain ne serait pas atteint : la portion de la dot restituée serait insuffisante pour remplir le but que se propose la femme. Elle ne pourrait pas, par exemple, payer tous ses créanciers, ou acheter l'immeuble que lui demandent en garantie les personnes qu'elle recherche comme fidéjusseurs.

CHAPITRE VI

Des effets de la restitution volontaire de la dot « constante matrimonio. »

Nous avons à indiquer les effets de la restitution volontaire de la dot pendant le mariage dans les deux hypothèses suivantes :

1° Celle où la restitution a été faite en dehors des cas où elle était permise.

2° Et celle où cette restitution a été opérée légalement.

§ 1. — Des effets de la restitution volontaire faite en dehors des cas déterminés par la loi.

Le principe de la prohibition de la restitution volontaire de la dot *constante matrimonio* est absolu. Les motifs qui l'ont fait admettre le démontrent. Le législateur romain n'a pas voulu que la dot fût restituée à la légère *constante matrimonio*, parce que sa destination était de subvenir aux charges du ménage, et qu'il importait qu'elle fût conservée à la femme jusqu'à la dissolution du mariage, pour lui permettre de contracter une nouvelle union.

Il en résulte que la restitution de la dot faite par le mari *constante matrimonio* en dehors des cas limitativement déterminés où elle était permise, est nulle.

Et cette solution est vraie, même si le mari, se trouvant dans l'une des hypothèses de restitution forcée, a de son plein gré rendu la dot à la femme sans attendre ses poursuites (1).

De la nullité de la restitution volontaire opérée dans les conditions que nous venons d'indiquer, il suit que le mari n'est pas libéré, et que la femme peut, à la dissolution du mariage, exercer contre lui l'action *uxoriæ* pour se faire rendre la dot. A l'inverse, il en résulte que le mari peut se faire restituer pendant le cours du mariage, et même après sa dissolution, si, dans ce cas, la dot ne doit pas revenir à la femme ou à ses héritiers les biens, qu'il a indûment rendus.

La nullité de la restitution volontaire de la dot faite en dehors des cas déterminés par la loi entraîne donc deux conséquences bien distinctes :

---

1. Il y avait deux cas de restitution *propter inopiam mariti :* 1° s'il devenait insolvable (Loi 24, Dig., *Soluto matrim...,* 24-3) ; 2° s'il était mauvais administrateur (Novelle 07, chapitre VI).

Première conséquence. — Le mari n'est pas libéré ; la femme peut à la dissolution du mariage agir contre lui par l'action *rei uxoriæ*, et, sous Justinien, par l'action *ex stipulatu de dote*, en restitution de la dot.

Cette conséquence n'est pas admise par tous les auteurs. Quelques-uns, en effet, expliquant la défense de restituer la dot pendant le mariage par la prohibition des donations entre époux, en concluent qu'elle a pour seul but l'intérêt de l'époux qui a fait le sacrifice, que par suite la restitution ne peut être attaquée que par le donateur (ici le mari), et qu'elle est au contraire valable à l'égard de la femme qui se trouve ainsi payée d'avance.

Ces auteurs perdent de vue qu'en défendant au mari de restituer la dot pendant le mariage, le législateur romain tendait à un but politique : la conservation de la dot pour faciliter à la femme une seconde union. Or, ce but n'eût pas été atteint si le mari avait pu, en remettant la dot à la femme *constante matrimonio* en dehors des cas où la loi le permettait, se trouver ainsi libéré de l'obligation de la restituer à la dissolution du mariage. En effet, la femme à qui la dot aurait été restituée à la légère aurait pu la dépenser inutilement et se trouver ensuite sans dot lors de la mort de son mari ou lors du divorce devenu si fréquent dans les mœurs romaines. La défense de restituer la dot durant le mariage n'avait donc pas pour but unique ni même principal l'intérêt du mari, mais l'intérêt de la femme à qui il fallait assurer la conservation de sa dot. Il s'ensuit que le mari n'était pas libéré par une restitution volontaire faite en dehors des cas que nous avons étudiés, puisque cette restitution était défendue et nulle. C'est ce que montrent bien les expressions employées à ce sujet dans les textes : « *non licet... marito permissum non est... non recte solvit.* »

Cette solution est d'ailleurs confirmée par deux textes d'Ulpien, les lois 27, § 1, Dig., *de religiosis...*, et 1 § 5, Dig., *de dote prælegata.*

Voici le premier texte : « *Maritus funeraria non convenietur, si mulieri in matrimonio dotem solverit, ut Marcellus scribit. Quæ sententia vera est, in his tamen casibus, in quibus hoc ei facere legibus permissum est.* » Le mari qui gagnait la dot à la mort de la femme devait contribuer avec les héritiers de celle-ci aux frais de sa sépulture. Il était dispensé de cette contribution quand il avait restitué valablement la dot dans un cas d'exception légale ; mais, il la devait si la restitution n'était pas valable. Le texte que nous venons d'analyser montre donc bien que la prohibition de restituer la dot n'avait pas été édictée dans le seul intérêt du mari : elle était absolue.

Le second texte est ainsi conçu : « *Adeo autem*

*dotis actionem continet dotis relegatio, ut, si vivus eam
uxoris, scilicet quibus licet casibus, solverit, cesset
legatum.* » Le mari peut léguer à sa femme sa
dot ; ce legs permet à la femme de réclamer les biens
dotaux immédiatement sans avoir à attendre l'expiration des délais introduits pour le paiement de la
dot quand il est réclamé par l'action *rei uxoriæ* ;
mais, par l'action du legs, elle ne peut demander
que les objets qu'elle aurait obtenus par l'action de
dot. Le texte précité dit : « *dotis actionem continet
dotis relegatio.* » L'existence d'une dot, d'une *actio de
dote*, est donc une condition nécessaire pour la validité du legs. Le jurisconsulte en tire cette conclu-
sion que, si, se trouvant dans un des cas où la restitution volontaire est exceptionnellement permise,
le mari a rendu la dot à sa femme, il n'existe plus
de dot, et par suite le legs qui en a été fait n'est
pas valable. Que si, au contraire, sans être dans
un de ces cas d'exception, le mari a restitué la dot
pendant le cours du mariage, Ulpien admet que le
legs de la dot fait à la femme est valable. Comme la
validité de ce *legatum dotis* suppose nécessairement
l'existence de l'*actio de dote*, il en résulte que cette
action n'est pas éteinte, et par suite que le mari n'est
pas libéré par la restitution anticipée de la dot qu'il
a faite en dehors des hypothèses où elle est autorisée par la loi.

5

L'action de dot, avons-nous vu, existe en son entier au profit de la femme qui a reçu la dot pendant le mariage dans un cas où il n'était pas permis au mari de la lui restituer volontairement et par anticipation. Mais, il est certain qu'il faut limiter l'effet de cette action, s'il est établi que la femme s'est enrichie par cette restitution, et que cet enrichissement dure encore à la dissolution du mariage ; car il est juste que la femme ne fasse pas un bénéfice au préjudice du mari ou de ses héritiers.

2ᵉ conséquence. — Le mari peut répéter ce qu'il a restitué avec les fruits et intérêts, soit pendant le mariage, soit même après sa dissolution, si, dans cette dernière hypothèse, la dot ne revient pas à la femme ou à ses héritiers.

Cette solution résulte d'une constitution des empereurs Théodose et Honorius qui forme la loi unique au Code, *Si dos constante matrimonio soluta fuerit,* 5-19 : « *Si constante matrimonio a marito uxori dos sine causa legitima refusa est, quod legibus stare non potest, quia donationis instar perspicitur obtinere, eadem uxore defuncta, ab ejus heredibus cum fructibus ex die refusæ dotis marito restituatur...* » Ce texte prévoit l'hypothèse où la femme est morte *in matrimonio,* et il décide que le mari qui gagnait la dot pouvait la réclamer avec les fruits et les intérêts, s'il l'avait prématurément restituée. Il faut donner la même solution lorsque le mari demande à sa femme *constante matrimonio* la dot et les intérêts de cette dot qu'il a payé par anticipation.

Le mari avait le droit d'exiger les fruits et intérêts de la dot depuis le moment de la restitution.

§ 2. — *Des effets de la restitution volontaire faite dans un des cas où elle est autorisée par la loi.*

Lorsque la restitution volontaire de la dot a été opérée par le mari dans l'un des cas où il pouvait valablement la faire, elle a pour effet principal de le libérer de l'action *rei uxoriæ* à la dissolution du mariage. A-t-il rendu pendant le mariage la dot entière, l'action *rei uxoriæ* ne peut être exercée contre lui. S'il en a restitué une partie, il lui en sera tenu compte lorsqu'il sera poursuivi par l'action *rei uxoriæ*.

La solution serait la même au cas où le mari, au lieu de restituer la dot à la femme, en a fait lui-même et du consentement de celle-ci, l'emploi pour lequel la loi lui permettait la restitution volontaire.

D'ailleurs, sa libération lui est acquise dans tous les cas, que l'action *rei uxoriæ* soit ouverte au profit de la femme ou au profit du père de celle-ci.

La loi 21, Dig., *Soluto matrimonio*, 24-3, ne laisse aucun doute à cet égard : « *Sed et si ideo maritus ex dote expendit ut a latronibus redimeret necessarias mulieris personas, vel ut mulier vinculis vindicet de necessariis aliquem, reputatur ei id, quod expensum sit : sive pars dotis sit pro ea parte, sive tota dos sit, actio dotis evanescit. Et multo magis id dicendum, si socer agat de dote, debere rationem haberi ejus quod in ipsum impensum est : sive ipse maritus hoc fecit, sive filiæ, ut faciat, dedit. Sed et si non pater experiretur, seu post mortem ejus filia sola de dote ageret, idem erit dicendum : cum enim doti exceptio insit de dote actioni ut in cæteris bonæ fidei judiciis, potest dici, ut et Celso videtur, inesse hunc sumptum actioni de dote; maxime si ex voluntate filiæ factus sit.* »

Mais faut-il, pour que la libération du mari qui a restitué volontairement la dot *constante matrimonio* soit complète et définitive, que la femme ait réellement fait des biens dotaux l'emploi pour lequel ils lui avaient été rendus ? En d'autres termes, le mari est-il responsable de l'emploi des valeurs dotales et n'est-il libéré que si elles ont été affectées à leur destination ?

Des auteurs pensent que le mari reste soumis à l'action *rei uxoriæ* si la femme a dépensé inutilement la dot au lieu de l'employer comme il a été convenu lors de la restitution. Ils se fondent sur les termes suivants : « *Manente matrimonio non perditura uxori ob has causas dos reddi potest* » de la loi 73, § 1, Dig., 23-3, et « *Cœterum, si non perdituræ, et ex justis causis soluta sit (dos) non supererit actio* » de la loi 22, § 1, Dig., 24-3.

Nous ne croyons pas que les textes que nous venons de citer aient la portée qui leur est attribuée. Ils veulent tout simplement dire que le mari ne doit pas remettre la dot à sa femme, même dans un cas où la restitution volontaire est permise, s'il la considère comme légère et prodigue et craint qu'elle en fasse un emploi autre que celui en vue duquel il la lui remet. Si le caractère de la femme fait naitre en lui l'appréhension qu'elle perde la dot, il peut, dans certains cas, comme la loi 21, Dig., 24-3, l'y autorise, faire lui-même, avec le consentement de sa femme, l'emploi projeté de la dot, par exemple, payer les dettes de la femme, et secourir ses proches ; et, dans d'autres cas, il s'abstient purement et simplement de la restituer. En agissant ainsi, le mari sera certain de n'être pas obligé de restituer à nouveau la dot à la dissolution du mariage.

Quant à nous, nous estimons que le mari est toujours libéré, et d'une façon définitive, s'il a remis la dot à sa femme qu'il avait tout lieu de regarder comme une femme sensée et économe. Peu importe que l'emploi de la dot n'ait pas été effectué ainsi

qu'il le pensait. Les textes ne prescrivent pas au
mari de faire ou de surveiller l'emploi des biens dotaux restitués ; ils exigent seulement qu'ils ne re-
mette pas la dot *uxori perdituræ*. Il n'est pas permis
aux interprètes de mettre une condition, qui n'est
exprimée nulle part, à la validité de la restitution
volontaire. « Quand le mari a rendu la dot dans un
des cas prévus, et que la femme est raisonnable et
bonne ménagère, il a satisfait à la loi, il a fait ce
qu'on pouvait légalement et humainement attendre
de lui. Il ne doit pas être responsables si les circonstances, par exemple la mort ou le retour à meilleure
fortune du parent qu'on voulait secourir, ont rendu
inutile l'emploi qu'on se proposait, ou si les choses
restituées ont péri par cas fortuit, ou si la femme,
contre toute attente, s'est conduite en cette occasion
avec légèreté, ou a manqué à sa parole et employé à
un autre usage la dot qui lui a été restituée. Le mari
qui, lors de la restitution, n'avait aucune raison de
croire qu'elle ne remplirait pas son objet, est définitivement libéré » (Pellat, *Textes sur la dot*, 2ᵉ édit.,
pages 374 et 375).

D'ailleurs, le mari pourrait empêcher la femme de
faire un mauvais emploi des valeurs dotales qu'il
lui a restituées. Il lui serait loisible de demander à
nouveau la dot. C'est que la restitution a été faite
avec une destination déterminée et positive. Il y a

en *datio ob causam*. Et si la femme n'a pas appliqué les valeurs dotales à la destination en vue de laquelle elles lui ont été remises, le mari peut les réclamer par la *condictio ob causam dati causa non secuta*, à moins toutefois qu'elles n'aient péri par accident.

Que si le mari avait restitué à la femme une partie de la dot plus considérable qu'il n'était nécessaire pour atteindre le but proposé, il avait aussi le droit de demander que l'excédent lui soit remis. Cette portion de dot était sans cause entre les mains de la femme qui par suite ne pouvait prétendre la garder.

APPENDICE

Le mari perd-il par la restitution volontaire les droits qu'il peut prétendre sur les biens dotaux ?

On peut supposer qu'il a des droits sur la dot soit en vertu des lois, soit en vertu de conventions matrimoniales spéciales dont l'effet ne se produit qu'à la dissolution du mariage. En est-il déchu par cela seul qu'il a restitué volontairement la dot *constante matrimonio* dans l'un des cas où la loi lui permettait de le faire ?

La solution négative est certaine. Elle résulte de la dernière phrase de la Constitution de 528 qui forme la loi 29 *in fine*, au Code, *de jure dotium*, 5-12. « *Ipsis etiam marito et uxore post matrimonii dissolutionem super dote et ante nuptias donatione pro dotalium instrumentorum tenore integro suo jure potituris* ». S'il a été convenu, par exemple, que le mari gardera à tout évènement une partie de la dot, le bénéfice de ce pacte lui restera malgré la restitution anticipée de la dot.

Cette solution est très juste. Il est en effet présu-

mable que le mari, en restituant volontairement la
dot *constante matrimonio*, n'a pas voulu se dépouiller des droits qu'il pourrait prétendre sur elle à la
dissolution du mariage. Il a seulement entendu remettre par anticipation à la femme, et pour le cas
où elle y aurait droit plus tard, ses biens dotaux
afin qu'elle puisse les employer dans les hypothèses
essentiellement favorables où la restitution volontaire en est permise par la loi pendant le cours du
mariage.

DROIT FRANÇAIS

Des règles protectrices des droits des créanciers du mari au cas de séparation de biens judiciaire

INTRODUCTION

Les pouvoirs du mari sur la dot sont considérables sous tous les régimes matrimoniaux, et notamment sous le régime de la communauté, qui est le régime de droit commun, où ils sont presque ceux d'un propriétaire.

La loi ne pouvait manquer d'organiser une série de mesures de protection pour la femme menacée de voir sa fortune perdue par la mauvaise administration ou les folles dissipations du mari.

Si les époux ont adopté tacitement ou d'une façon expresse le régime de droit commun, le législateur permet à la femme de répudier la communauté qu'elle

croit mauvaise, et il lui accorde, si elle juge à propos
de l'accepter, un bénéfice particulier, le bénéfice d'é-
molument.

Quel que soit le régime matrimonial des conjoints,
les créances de la femme sont garanties par une hypothèque légale qui frappe tous les biens du mari;
et, si, au cours du mariage, sa dot est mise en péril,
elle peut recourir à la séparation de biens judiciaire,
et reprendre l'administration de sa fortune.

La séparation de biens judiciaire, bien que d'une
gravité exceptionnelle, puisqu'elle porte atteinte au
pacte matrimonial, a été maintenue sans discussion
dans le Code civil.

C'est que la tradition et le principe même de cette
institution l'imposaient.

D'abord inconnue au début du droit romain à
cause du principe qui faisait du mari le propriétaire,
le maître absolu de la dot, la séparation de biens finit
par être introduite dans la législation, à côté d'autres protections non moins efficaces, pour servir de
contrepoids aux pouvoirs du mari.

Dans les pays de droit écrit, elle fut admise comme
une dépendance nécessaire du régime dotal; et, dans
les pays de coutume, comme un emprunt qu'il importait de faire à ce régime pour tenir en échec la
puissance absolue du mari sur la communauté.

Il n'y a pas lieu de s'étonner de l'unité de légis-

lation que l'ancien droit présentait sur ce point.
N'était-il pas éminemment juste de protéger la
femme contre les abus de la puissance maritale, et
de lui permettre de reprendre sa dot mise en péril
par la mauvaise administration ou les dissipations
de son mari ?

C'est pour ces raisons que les législateurs de 1804
firent sans difficulté une place dans le Code Civil à
la séparation de biens judiciaire. Par contre, ils s'at-
tachèrent à prévenir les dangers que l'admission
d'une mesure qui porte une atteinte aussi grave au
régime matrimonial peut causer aux tiers et notamment aux créanciers du mari.

L'orateur du gouvernement, Berlier, a dit en effet
au Conseil d'Etat : « Le secours de la séparation de
biens dû à l'épouse malheureuse d'un mari dissipateur, ce secours dû dans tous les systèmes et sous le
régime dotal comme sous celui de la communauté,
ne pouvait disparaître de nos lois ; mais, il est aussi
du devoir du législateur de rendre la fraude plus
difficile en appelant surtout la surveillance de ceux
qu'elle peut blesser ».

Le législateur a atténué dans une très large mesure les dangers incontestables que présente la séparation de biens judiciaire, en prescrivant dans l'intérêt des tiers, et principalement des créanciers du
mari, un grand nombre de règles protectrices dans

l'examen desquelles nous allons entrer dans cette thèse et que nous étudierons et justifierons dans l'ordre suivant :

1° De la prohibition des séparations de biens volontaires.

2° De la publicité de la demande en séparation de biens judiciaire.

3° Du délai d'un mois qui doit séparer la demande du jugement.

4° Du droit des créanciers d'obtenir communication de la demande et des pièces justificatives, et de leur droit d'intervention.

5° De la publicité du jugement de séparation de biens.

6° De l'exécution du jugement dans la quinzaine.

7° Du droit des créanciers du mari d'attaquer les jugements de séparation de biens rendus en fraude de leurs droits.

8° En quel sens doit être entendu l'effet rétroactif du jugement de séparation de biens.

9° Les effets de la séparation de biens accessoire ne rétroagissent pas au jour de la demande.

CHAPITRE PREMIER.

DE LA PROHIBITION DES SÉPARATIONS DE BIENS VO-LONTAIRES.

SECTION I. — *Fondement et origine du principe.*

La séparation de biens doit être une ressource extrême, car elle porte une atteinte profonde à l'immutabilité des conventions matrimoniales. Elle ne saurait donc se faire d'une manière capricieuse et clandestine ; l'intérêt du crédit public et des époux eux-mêmes s'y oppose.

Sur quelles bases reposeraient les transactions si elles pouvaient tomber devant une séparation de biens qui se serait produite à l'insu de tous et qui serait tout à coup opposée aux tiers ?

D'autre part, les créanciers du mari ne sauraient être privés, comme nous le verrons, du droit de veiller à ce que la séparation de biens ne soit pas le résultat d'une fraude concertée à leur préjudice.

De plus, si elle pouvait être volontaire, ne serait-il

pas à craindre que la séparation de biens ne devint, dans certains cas, un moyen indirect pour la femme, qui renoncerait à une communauté excellente d'assurer au mari des avantages repoussés par la loi.

Enfin, il serait également à redouter que la femme n'obtienne trop facilement de son mari une séparation dont la conséquence est de la rendre capable d'administrer et de jouir de ses biens.

Aussi comprend-on la prohibition contenue dans le paragraphe 2 de l'art. 1443 du Code civil : « toute séparation de biens volontaire est nulle ».

On s'étonne même qu'un principe aussi justifié eût pu être mis en doute et que le Droit romain y ait apporté des exceptions (1).

Dans l'ancien droit, on avait généralement reconnu qu'à cet égard il fallait abandonner la voie tracée par le législateur romain.

Certaines coutumes prononçaient expressément la nullité des séparations des biens volontaires (2).

La plupart des auteurs approuvaient leur décision (3).

1. Voir Thèse romaine, chap. II, *Des cas de restitution volontaire de la dot.*

2. C. d'Orléans, art. 198. C. de Dunois, art. 58. C. de Sédan, art. 97. C. de Melun, art. 215. C. de Berry, art. 49.

3. Voir Louet, Lettre S, n. 16. Brillon, *Sép.*, n. 46. Bardet, t. I, 4, chap. 11. Lebrun, *Communauté*, p. 280. Pothier, *Communauté*, n. 514. Merlin, *Rép.*, *Séparation de biens*, sect. 2,

« Les séparations soit de corps, soit de biens, disait Denizart (1), ne peuvent se faire valablement par des actes volontaires ; il faut qu'elles soient prononcées judiciairement en connaissance de cause : la justice peut seule faire des séparations légitimes, parce qu'un acte volontaire dans une matière de droit public telle qu'une séparation est absolument sans effet. »

On décidait même et avec raison que les séparations n'étaient pas valables lorsque le jugement qui les prononçait n'intervenait que d'après le consentement des époux (2).

Cependant, il était de jurisprudence dans les pays de droit écrit que les séparations de biens pouvaient avoir lieu sans décret du juge civil (3).

§ 3, art. 1 et 2. Troplong, *Contrat de mariage*, n. 1336. — Et les arrêts du Parlement de Dijon du 14 juillet 1662 dans Raviot sur Perrier, quest. 251, n. 54; de Paris, 14 décembre 1691 dans Augeard, t. 1, n. 60, et 14 mai 1695 dans le *Journal des Audiences*, t. V.

1. Denizart, *Décisions*, v° *Sép.*, n. 18 et 19.

2. Arrêt du Parlement de Paris du 27 mars 1708 (Denizart, *loc. cit.*, n. 22). En ce sens, Duplessis, *Communauté*, liv. 2, ch. 2. Denizart, *loc. cit.* n. 21. Ferrière, *Dict. de droit*, v° *Sép. de biens*, p. 593.

3. Artois, Cass., 11 juillet 1800 (Dalloz, *Jur. gén.*, t. 13, C. de Mar. n. 1690. La Flandre, Merlin, *loc. cit.* Le Brabant, Cass., 30 germinal an X (Dalloz, *loc. cit.*, n. 1691). Le Piémont, Turin, 28 mars 1806 (D., *loc. cic*, n. 1694).

Et, dans les pays de coutume, on s'accordait généralement à regarder les séparations de biens volontaires comme irrévocables, lorsque la dissolution du mariage s'était opérée par le décès de l'un des époux (1).

« La raison de cette différence est sensible, dit Merlin (2). Tant que le mariage subsiste, chacun des époux a le droit d'exiger que l'autre le traite en mari ou en femme, et par conséquent qu'il le fasse jouir des effets d'une communauté que la loi attache en quelque sorte à leur état et qui représente parfaitement l'union dans laquelle ils doivent vivre; mais, quand la mort a enlevé l'un ou l'autre des époux, quel motif peut engager soit le survivant, soit les héritiers du décédé à réclamer contre une séparation de biens dans laquelle il n'y a eu ni dol, ni fraude, ni violence, ni contravention à la loi prohibitive des avantages entre mari et femme? Le premier serait-il recevable à demander le partage d'une communauté qui s'est enrichie sans ses soins

1. Parlement de Paris, 1er décembre 1626 et 5 septembre 1635 dans Bardet, t. 1, liv. 4, ch. 11 ; 26 janvier 1662 dans Delaville, *Dict.*, n. 1691. Parlement de Dijon, 15 décembre 1644 et 1er juillet 1690 dans Raviot sur Perrier, quest. 251, n° 65. Parlement de Flandre, 26 mai 1746 dans Merlin, *loc. cit.* et Brillon, v° *Sép.* n. 46.

2. Merlin, *loc. cit.*

ni sa participation, et les autres doivent-ils être admis à dépouiller le survivant des biens qu'il a acquis seul et sans le concours de leur auteur? Ecouter de pareilles réclamations, ce serait inviter les époux à se tendre des pièges à eux-mêmes et au public. »

Ces raisons pouvaient avoir quelque poids dans l'ancien droit où certaines coutumes seulement proscrivaient d'une façon expresse les séparations de biens volontaires ; mais, elles sont sans valeur sous l'empire du Code civil : Merlin le reconnaît lui-même.

Il est presque inutile de dire, étant donné le principe de la non-rétroactivité des lois, que les séparations de biens conventionnelles, qui s'étaient produites dans les provinces où elles étaient considérées comme valables, n'ont pas été révoquées par la publication de l'article 1443 du Code civil (1). Et, ce même article n'a pu être un obstacle à ce qu'elles interviennent régulièrement après 1804 entre des époux mariés sous l'empire de coutumes qui leur permettaient de déroger à leurs conventions matrimoniales (2).

1. En ce sens Turin, 28 mars 1806 (D., *loc. cit.*, n° 1692).
2. Liège, 22 juillet 1821 et Cass. Belgique, 13 mai 1830 (D., *loc. cit.*, n. 1695).

Section II. — *Étendue de la prohibition des séparations de biens volontaires.*

L'article 1443 du Code civil porte que *toute séparation de biens volontaire est nulle.*

Les termes mêmes de cet article veulent qu'on entende la prohibition qu'il édicte de la façon la plus large et la plus absolue.

Tombent donc sous son application les conventions, les actes de toute nature, et même les jugements qui emportent ou dissimulent une séparation de biens volontaire.

§ I. — *Application de la prohibition aux conventions.*

Quelle que soit sa forme, l'accord qui intervient entre époux, avant, ou pendant un procès en séparation de biens, et dont le but est de donner à la femme l'administration de ses biens, doit être annulé par application de l'article 1443 du Code civil.

C'est donc avec raison que la Cour de Riom a refusé de reconnaître la validité d'un traité passé entre deux conjoints pour mettre fin à un procès en séparation de biens et portant autorisation pour la femme d'administrer et même d'aliéner ses biens propres et certains acquêts de la communauté. Il y avait bien là une substitution clandestine pendant le mariage d'un contrat à celui qui avait été rédigé avant l'union conjugale (1).

Par contre, il reste constant que les conventions qui ne dérogent pas aux conventions matrimoniales des époux sont valables. On s'étonne par suite qu'on ait voulu voir une séparation de biens volontaire dans l'acte par lequel des conjoints, sans modifier aucunement leur contrat de mariage, et dans le but de faire un partage testamentaire entre leurs enfants, procèdent entre eux à la division de leur communauté, mais sans la faire cesser à l'égard des tiers. Ce n'est là qu'un partage provisionnel qui, de même qu'un partage provisionnel entre héritiers, est susceptible de ratification par l'époux survivant (2).

§ 2. — *Application de la prohibition aux actes unilatéraux.*

Tout acte émanant du mari dont la conséquence

1. Arrêt de Riom, 9 juin 1807, dans Dalloz, *loc. cit.*, p. 353.
2. En ce sens, Paris, 23 juin 1847 (S. 49, 2, 554 ; D., 50, 2, 10). — *Ste* Dalloz. *loc. cit.* Aubry et Rau, t. 8, § 731, note 7.

est une séparation de biens volontaire est nul et entraîne la nullité de la séparation qui procède de lui.

Il en est ainsi, par exemple, de l'asquiescement pur et simple donné par le mari à la demande de la femme.

Certains auteurs indiquent la même solution pour l'asquiescement à un jugement de séparation de bens par défaut.

Nous ne partageons pas leur opinion parce que, selon nous, il n'y a pas identité de situation dans les deux cas.

Dans le second, un jugement a été rendu : la demande de la femme a été accueillie en connaissance de cause (1).

Aucun concert frauduleux n'est à craindre. L'article 1443 du Code civil ne doit plus recevoir son application.

L'ancien droit donnait déjà cette solution. Denizart faisait, en effet, les observations suivantes : « On ne regarde pas comme séparations volontaires celles que les maris laissent juger par forclusion et auxquelles ils asquiescent tacitement. Il en est beaucoup, et ce sont les plus sages, qui, cédant à la vo-

Massé et Vergé, t. 3, § 506. note 2. Genty, p. 152. Demolombe, t. 23, n. 83 et *Revue critique*, t. I, p.142 et suiv. Colmet de Santerre, t. 4, n. 244, *Contrà*, Laurent, t. XV, n. 40.

1. Art. 150. C. pr. civ.

lonté impérieuse d'une femme pour éviter un éclat
fâcheux..., laissent à la justice le soin de les défendre... D'ailleurs, on ne peut forcer qui que ce soit
de résister à une demande juste... (1)» .

La séparation de biens pouvant incontestablement
être prononcée par défaut, qu'importe que l'exécution soit volontaire ou forcée (2), que l'asquiescement du mari soit exprès ou tacite?

On admet, cependant d'une manière générale que
l'asquiescement à un jugement par défaut n'empêcherait pas le mari de former opposition ou d'interjeter appel, s'il était encore dans les délais pour le
faire (3). Selon nous, cette doctrine devrait être re-
jetée. De deux choses l'une. Ou l'asquiescement du
mari à une séparation de biens obtenue judiciairement donne à celle-ci le caractère de séparation de
biens volontaire : ou bien, non.

1. Denizart, *Décisions*, v° *Sép.*, n. 20.

2. L'article 1444 du Code civil admet la validité de l'exécution volontaire du jugement de séparation de biens, sans
distinguer aucunement entre les jugements contradictoires
et les jugements par défaut. V. *infra* : Sur notre question,
voir : Cass., 21 août 1838 (D. 38, 1, 363). Aix. 14 décembre
1837 (D. 38, 2, 40). Dalloz, *loc. cit.*, n. 1699. Massé et Vergé,
t. IV, § 648, note 1. Aubry et Rau, t. V, § 515, p. 387. Con-
trà : Colmar, 8 août 1833 (D. 38, 2, 204). Dalloz, *mot acquiescement*, n. 189.

3. Dalloz, *loc. cit.*, n. 1669.

Admettre cette dernière opinion, c'est reconnaître la validité de l'acquiescement, qui ne pourrait dès lors tomber que conformément au droit commun, s'il avait été obtenu par erreur, dol, ou violence.

Le jugement qu'il a pour but d'approuver devient définitif, et on ne voit pas comment il serait susceptible d'une voie de recours ordinaire, comme l'opposition ou l'appel.

Plus discuté est le point de savoir si la séparation de biens prend le caractère de séparation de biens conventionnelle prohibée par la loi dans le cas où le mari se désiste de l'opposition qu'il a formée à un jugement par défaut qui la prononce.

La Cour de Grenoble a jugé que l'opposition remet en question entre le mari et la femme la séparation de biens elle-même, et que le désistement de cette voie de recours rend par cela seul la séparation de biens volontaire (1).

Nous n'approuvons pas cette jurisprudence. L'opposition n'anéantit pas le jugement contre lequel elle est dirigée ; elle annonce simplement l'intention de le contester. Tant qu'une autre décision ne l'a pas annulé, ce jugement subsiste dans toute sa force. Si donc il n'est pas donné suite à l'opposition,

1. Arrêt de Grenoble, 18 juillet 1824 dans Dalloz, *loc. cit.*, p. 354.

les choses restent entières : c'est comme si le jugement n'avait été l'objet d'aucune voie de recours.

Le désistement est dès lors bien loin de constituer
un asquiescement à la demande ; il a tout juste la
portée d'une renonciation à la faculté de contester
le jugement.

Cette doctrine est celle de la Cour de cassation et
de la plupart des auteurs (1).

Elle a été fort bien exposée et justifiée dans les
motifs d'un arrêt de la cour de Lyon en date du 27
mai 1829 (2).

« Attendu, dit cet arrêt, que la séparation de
biens des époux B... avait été prononcée par jugement du 24 juillet 1810, après les conclusions du
ministère public et la vérification du tribunal ; attendu qu'ainsi toutes les précautions prises dans
l'intérêt des tiers pour rendre la séparation judiciaire avaient été accomplies et que le jugement ne
pouvait être attaqué principalement par le ministère public ; attendu que la voie d'opposition n'était
ouverte qu'au mari et par conséquent dans son intérêt seul et que par suite il lui a été loisible de
laisser acquérir au jugement vis-à-vis de lui la force
de la chose jugée, soit en n'usant pas de son droit

1. Cass., 20 août 1827 dans Dalloz, *loc. cit.*, p. 354. Aubry
et Rau, t. V. § 515, p. 387.

2. Dalloz, *loc. cit.*

d'opposition, soit en s'en départant après en avoir usé ; attendu qu'il est de principe que l'opposition à un jugement par défaut n'anéantit pas de plein droit ledit jugement, mais qu'elle se borne à paralyser son exécution et à laisser son mérite en suspens, tellement que, si l'opposition est anéantie par un second jugement ou par un désistement, elle est censée n'avoir jamais existé, et le jugement primitif conserve toute sa force ; attendu qu'ainsi le traité intervenu entre les époux B. et C., bien loin de constituer une séparation volontaire, n'a fait que conserver à la séparation de biens volontaire son efficacité qui avait été suspendue en détruisant l'obstacle qui avait momentanément produit cet effet. »

Nous admettons la même solution pour des motifs identiques au cas de désistement d'un appel. (Aubry et Rau, t. 5, § 515, p. 387).

§ 3. — *Application de la prohibition aux jugements.*

Ce ne sont pas les seules séparations de biens résultant de conventions entre époux, ou procédant d'actes unilatéraux du mari, qui tombent sous l'application de l'article 1443 C. civ, ce sont aussi, comme nous l'avons déjà indiqué, celles qui, bien que prononcées par une décision judiciaire, n'en présentent pas moins les caractères de séparations de biens volontaires. Nous voulons parler des séparations ordonnées par des jugements qui seraient rendus sur l'aveu du mari, ou dont l'exécution serait subordonnée à l'accomplissement d'une condition potestative ou casuelle.

La loi prohibe expressément l'aveu du mari comme preuve des causes de la séparation de biens. L'art. 870 C. pr. civ. s'exprime, en effet, dans les termes suivants : « L'aveu du mari ne fera pas preuve, lors même qu'il n'y aurait pas de créanciers ».

Cette disposition est tout à fait inutile en présence de l'art. 1443 C. civ. La prohibition de l'aveu du mari comme preuve en notre matière découle naturellement de la prohibition des séparations de biens volontaires.

Quoiqu'il en soit, la femme doit établir le péril de sa dot en dehors de toute reconnaissance ou aveu du mari, et cela, alors même que ce dernier n'aurait pas de créanciers, et, dans l'hypothèse contraire, que certains d'entre eux confirmeraient ses déclarations.

Au cas d'absence de créanciers, il reste à craindre que la femme ne demande la séparation de biens qu'afin d'apporter une modification profonde à son contrat de mariage ou de pouvoir renoncer à une

communauté avantageuse et faire ainsi à son mari
des avantages indirects repoussés par la loi.

Et, s'il existe des créanciers, n'est-il pas à redouter que ceux qui acceptent ou approuvent les aveux
du mari ne se soient entendus avec les époux pour
frustrer les créanciers absents?

Quant aux jugements prononçant la séparation de
biens dont l'exécution serait subordonnée à l'accomplissement d'une condition potestative ou casuelle,
ils devraient être annulés, comme ceux qui auraient
été rendus sur l'aveu du mari, avec la séparation de
biens elle-même.

Admettre une autre solution, ce serait rendre la
séparation de biens facultative dans notre hypothèse. Les époux, en accomplissant ou non la condition, pourraient se séparer de biens ou ne pas se
séparer à leur gré.

Il leur est loisible, il est vrai, d'adopter en se ma-
riant tel ou tel régime sous une condition. Le grand
principe de la liberté des conventions matrimoniales
les y autorise.

Mais, la faculté qui leur est donnée d'obtenir de
la justice une séparation de biens est exceptionnelle,
et l'incertitude en cette matière constituerait un
piège pour les tiers.

C'est par application de cette idée que la cour de
Rouen a annulé une séparation de biens qui avait

été prononcée sous la condition potestative pour le mari qu'il ne donnerait pas caution pour sûreté des sommes provenant d'une succession échue à sa femme et qu'il pourrait être à même de percevoir (1).

SECTION III. — *Conséquences de la prohibition des séparations de biens volontaires.*

La séparation de biens, ne pouvant être volontaire, doit nécessairement être prononcée par la justice. L'article 1443 § 1er C. civ. le dit formellement.

La juridiction compétente est la juridiction de droit commun, le tribunal de première instance ; mais quel tribunal de première instance ? Évidemment celui du domicile du mari ; car, d'un côté, la femme n'a pas elle-même d'autre domicile, et d'autre part, le mari, étant défendeur au procès, on doit appliquer la règle « *Actor sequitur forum rei* ». On ne peut nier que l'action soit purement personnelle ; or, l'article 59 parag. 1er C. pr. civ. dispose que le défendeur à une telle action doit être assigné devant le tribunal de son domicile.

Si l'on voulait déterminer la compétence en se pla-

1. Rouen, 24 novembre 1812 (D. J. G., *loc. cit.*, n. 1703).

çant au point de vue de la société civile qui existe entre les époux et qu'il s'agit de dissoudre, on arriverait au même résultat, puisqu'aux termes de l'article 59 précité, § 5 C. pr. civ., le défendeur doit être assigné, en matière de société, tant qu'elle existe, devant le tribunal du lieu où elle est établie, et que le lieu où est établie la société des époux est celui du domicile du mari (art. 108 C. civ.).

De plus, ce qui démontre bien que le législateur a considéré le tribunal du domicile du mari comme essentiellement compétent pour connaître de la demande en séparation de biens, c'est que, par l'article 872 C. pr. civ., il oblige la femme à publier le jugement de séparation de biens « dans l'auditoire des tribunaux de première instance et de commerce du domicile du mari. »

Enfin, indépendamment des règles du droit, l'intérêt des tiers exige qu'il en soit ainsi.

Comment, en effet, serait-il loisible à la femme de porter sa demande en séparation de biens et de remplir les formalités de publicité prescrites par la loi devant un tribunal qui ne serait pas celui du domicile du mari, et qui pourrait être choisi par les époux à une distance telle que les créanciers résidant le plus souvent dans le lieu du domicile conjugal seraient dans l'impossibilité presque absolue d'agir en temps opportun pour la conservation de leurs droits? Il serait certainement injuste dans cette hypothèse d'opposer aux créanciers qui n'auraient pas exercé leur droit d'intervention la déchéance établie par l'article 873 du Code de procédure civile. Il faudrait donc leur reconnaître la faculté indéfinie d'attaquer le jugement de séparation de biens. Et une pareille conséquence est inadmissible.

On doit décider, dès lors, que tout tribunal autre que celui du mari serait incompétent, même *ratione materiæ* (1).

L'ancien droit était en ce sens.

La solution serait la même bien que la demande émanât d'une femme étrangère qui aurait épousé un Français mais qui résiderait de fait dans le lieu de son origine (Dalloz, J. G. *Contrat de mariage*, n° 1716.

De ce qui précède, il résulte que la séparation de biens doit être prononcée par le tribunal de première instance du domicile du mari.

Elle ne pourrait donc pas procéder d'une sentence arbitrale.

Avant 1804, et en exécution de la loi du 24 août

---

1. Trib. civ. Sens. 10 mai 1880 (*Gaz. Pal.*, 80, 1, 816). Cass. 18 novembre 1835 (S. 86, 1, 118). V. Guillouard, *Contrat de mar.*, t. III, n. 1115. Carré et Chauveau, t. VI, *Quest.* 2027 et *Suppl. alphab.* v° *Sép. de biens*, n. 1. Rodière et Pont, t. III, n. 2126. Dutruc. *Traité de la sép. de biens*, n. 100. Dalloz, *Code de procédure annoté*, art. 865, n. 15 et suiv.

1790 (1), la séparation de biens entre époux majeurs
était souvent portée devant des arbitres. La jurisprudence considérait cette pratique comme valable.

Le projet du Code civil, au contraire, prohibait formellement le compromis dans un article spécial.

La suppression de cette disposition n'a pas changé
la solution.

Les termes du paragraphe 1er de l'article 1443
C. civ. et le mode de publicité prescrit par la loi
relativement à la demande et au jugement, sont encore suffisants pour exclure toute idée d'arbitrage.

D'ailleurs, les articles 1003 et 1004 C. pr. civ.,
font disparaître les doutes qui subsisteraient à cet
égard.

L'article 1003 ne permet en effet de compromettre
que sur les objets dont on a la libre disposition, et,
les époux ne peuvent se séparer de biens volontairement.

De plus, l'article 1004 défend textuellement le
compromis sur les séparations d'entre mari et
femme, sans distinguer entre les séparations de
biens et les séparations de corps.

Le même article, généralisant sa pensée, étend la
prohibition qu'il édicte à toutes les contestations
qui seraient sujettes à communication au ministère

1. Tit. 10, art. 12,

public ; or, les séparations de biens se trouvent dans
ce cas (1).

La question ne peut donc plus être discutée sérieusement.

Section IV. — *Sanction de la prohibition des séparations de biens volontaires.*

Le moment est venu, après avoir indiqué l'étendue et les conséquences de la prohibition des séparations de biens volontaires, d'en déterminer la sanction.

Le projet du Code Civil portait :

« Toute séparation de biens est nulle tant à l'égard des tiers qu'à l'égard des conjoints entre eux. »

Les deux derniers membres de phrase ont été supprimés lors de la rédaction définitive, non point pour diminuer la portée de la disposition, mais sans doute parce qu'ils renfermaient une explication superflue.

1. Dalloz, *Jurisp. gén. C. de mariage*, n, 1697, et mot *arbitrage*, n. 312. Dutruc, *Sép. de biens*, p. 22.

7

Les motifs qui ont fait proscrire les séparations de biens volontaires indiquent suffisamment que c'est une nullité absolue et d'ordre public qui atteint ces séparations.

Il en résulte qu'elle peut être invoquée par tout intéressé, par les créanciers du mari notamment, et par les époux eux-mêmes ; et qu'elle s'applique, non pas seulement à la séparation de biens elle-même, mais encore à toutes les conventions et à tous les actes dont elle serait la base ou qui s'y rattacheraient.

Par exemple, serait entaché de nullité le partage amiable de la communauté qui aurait suivi la séparation volontaire. Le mari serait donc recevable à demander la restitution des biens que ce partage aurait fait échoir à la femme.

De plus, si depuis la séparation, cette dernière avait acquis par succession, donation ou autrement, de nouveaux biens qui auraient dû, sans le changement apporté au régime matrimonial, tomber dans la communauté, le mari serait fondé à en réclamer, suivant les cas, soit l'usufruit, soit la pleine propriété.

Aurait-il aussi le droit de répéter tous les fruits perçus par la femme pendant le temps de la séparation de biens volontaire ?

Il est certain que la femme serait tenue de restituer les fruits existants et capitalisés. Quant à ceux qu'elle aurait consommés, la question est douteuse. Beaucoup d'auteurs prétendent qu'ils ne sont pas sujets à répétition bien que la gestion de la femme procède d'une séparation illicite et radicalement nulle. Ils font remarquer, à bon droit, selon nous, que les fruits consommés sont la satisfaction des besoins personnels de la femme auxquels le mari eut dû subvenir si la communauté n'eût pas été dissoute en fait.

La nullité de la séparation de biens volontaire entraînerait-elle la nullité du paiement de la dot que, par suite de cette séparation, le mari aurait fait à la femme, et autoriserait-elle celle-ci à réclamer de nouveau ses reprises en vertu du contrat de mariage ?

La question est très controversée (1).

L'ancien droit n'a pas négligé les intérêts de la femme.

Mais, ce n'est pas seulement la crainte de voir le mari privé des revenus de la dot qui a fait annuler dans l'ancienne jurisprudence le paiement prématuré des reprises de la femme ; c'est aussi l'appréhension du péril que pourrait courir la dot si un tel paiement était autorisé. On a redouté que la

___

1. Voir Thèse romaine, *Effets de la Restitution volontaire de la dot*, Chap. 6.

pot, remise prématurément à la femme, ne revint dans les mains du mari, et que la femme n'en soit à jamais dépouillée. Aussi, a-t-on décidé que le mari n'était affranchi de toute répétition que dans le cas où il était constaté que le paiement avait tourné au profit de la femme (1).

Que décider sous l'empire du Code civil ?

D'abord, il est incontestable que, s'il était démontré que la remise de la dot faite à la femme après une séparation de biens volontaire constitue une donation déguisée, cette remise serait complètement impuissante à libérer le mari (2).

Mais, en dehors de cette hypothèse, le paiement anticipé de la dot serait-il entaché de nullité ?

Nous le croyons. Nous remarquons, en effet, en premier lieu, que la nullité d'un acte ou d'un jugement s'étend à son exécution. Autrement, la sanction établie par la loi serait complètement illusoire. La séparation de biens volontaire étant proscrite par la loi, comment pourrait-on consacrer ses conséquences ? Ne serait-ce pas détruire d'une main ce que l'on aurait édifié de l'autre ?

En second lieu, le mari est responsable de la dot dont le dépôt lui a été confié. Il ne doit pas s'en dessaisir tant qu'une séparation de biens judiciaire

1. Despeisses, *De la dot.* part. 1, tit. 18, sect. 3.
2. Troplong, *C. de mariage*, n. 1346.

ne l'a pas frappé de déchéance. S'il la restitue avant
cette époque, il commet une faute ; la femme n'est
pas capable de recevoir ; la dot peut périr entre ses
mains. Il doit donc la retenir jusqu'au moment où
cesse sa responsabilité.

D'ailleurs, son influence sur la femme n'est-elle
pas à craindre ? n'en abusera-t-il pas pour obtenir
la restitution de la dot après en avoir effectué le
paiement ?

Un auteur, M. Troplong, considère comme exorbitant le droit accordé à la femme de réclamer une
deuxième fois sa dot. Selon lui, le mari est victime
d'un sacrifice qu'il s'est imposé, et tout profite au
contraire à la femme, jusqu'à sa faute.

Nous ne pouvons regarder la remise anticipée de
la dot comme un sacrifice arraché par la femme au
mari. Il est bien peu présumable que celui-ci con-
sente à se dessaisir de la dot sans avantage pour lui ;
et, s'il en effectue le paiement avant d'y être obligé,
il est naturel de croire qu'un intérêt l'y pousse.

Cependant, s'il faut protéger la femme contre sa
propre faiblesse et les abus de la puissance maritale, même quand elle a participé à une convention
illicite comme dans notre hypothèse, il importe de
ne pas lui permettre de s'enrichir aux dépens de
son mari. Aussi sommes-nous d'avis, avec beaucoup

de commentateurs (1), de décider que, si la femme avait fait un emploi utile des sommes qui lui auraient été payées par anticipation, le mari serait à l'abri de toute répétition. Ici, la situation est dominée par cette règle de haute équité que le paiement fait au créancier incapable de le recevoir est néanmoins valable, s'il est prouvé qu'il a tourné à son profit (Article 1241 du Code civil).

Or, la femme est créancière, puisque sa créance est garantie par une hypothèque légale, et qu'on lui reconnaît le droit de produire, pendant le mariage, aux ordres ouverts sur le prix des biens de son mari et de s'y faire colloquer.

De plus, elle est certainement incapable jusqu'à la séparation de biens.

Il y a donc lieu de lui appliquer les dispositions de l'article 1241 du Code civil.

Quant aux intérêts échus de la dot, ils ne produiront eux-mêmes d'intérêts que par une demande judiciaire ou par une convention spéciale. Ils ne peuvent être capitalisés par cela seul qu'ils courent de plein droit. On exciperait en vain de ce qu'il peut en être autrement en matière de tutelle. Si le tuteur est tenu de l'intérêt des intérêts, c'est non

1. Toullier, t. XIV, n. 262. Tessier, *De la dot*, t. II, p. 229 et 230. Aubry et Rau, t. V, § 515, note 18 p. 386 et suivantes. Guillouard, *C. de mariage*, t. III, n. 1111. *Contrà*, Laurent, t. **XXII**, n. 198.

par le motif que les intérêts courent de plein droit, mais parce qu'il n'a pas fait du capital l'emploi prescrit par les articles 455 et 456 du Code civil (1).

Les intérêts de la dot qui seraient capitalisés, n'étant pas des accessoires nécessaires de cette dot, ne constitueraient qu'une créance nouvelle, et par suite ne seraient pas garantis par l'hypothèque légale de la femme. Cette créance ne jouirait du bénéfice de l'hypothèque qu'à dater de l'inscription qui en serait prise (2).

Voici d'autres conséquences de la nullité des séparations de biens volontaires.

La clause pénale qui serait destinée à les sanctionner tomberait sous l'application de l'article 1443 § 2 du Code civil (3).

Pareillement, la disposition testamentaire par laquelle la femme défendrait à ses héritiers, enfants d'un autre lit, d'attaquer le partage qu'elle aurait fait avec son mari en exécution d'une séparation de biens volontaire, ne saurait avoir aucune valeur (4).

---

1. Cass. req., 28 mars 1848 (*Pand. Chr.*). Trib. civ. Lyon, 16 janvier 1860 (*Pand. Chr.*).

2. Cass. req., 28 mars 1848 précité. Guillouard, *loc. cit.*, n. 1111.

3. C. Civ., art. 1227. Caen, 14 novembre 1825 (Dalloz, *loc. cit.*, n. 1713).

4. Riom, 9 juin 1817 (Dalloz, *loc. cit.*, n. 1698).

La nullité de l'article 1443 § 2 du Code civil étant absolue, n'est pas susceptible de ratification.

Elle ne pourrait être couverte, ni expressément, ni tacitement, ni même par le décès de l'un des époux.

Comment, d'ailleurs, les séparations de biens volontaires pourraient-elles être mieux sanctionnées après la dissolution du mariage qu'auparavant ? Les inconvénients qu'entraîne l'annulation d'une séparation de biens volontaire après le décès des époux ne sauraient balancer un instant ceux que produiraient son maintien. Les premiers ne touchent qu'aux intérêts des époux et de leurs héritiers, les autres atteindraient l'intérêt des tiers que la loi a voulu protéger. L'ancien droit, il est vrai, était en sens contraire ; mais, Merlin, qui l'approuve, reconnaît que la distinction qui y était admise n'est plus possible en présence des termes de l'article 1443 parag. 2 du Code civil (1).

Les créanciers du mari ont trente ans, à partir du jour où ils ont connu la séparation de biens volontaire, pour en poursuivre la nullité.

1. Troplong, *loc. cit.*, n. 1340. V. *suprà*, sect. I).

CHAPITRE II.

DE LA PUBLICITÉ DE LA DEMANDE.

SECTION I. — *Son utilité, son origine.*

La prohibition des séparations de biens volontaires et la nécessité de faire prononcer en justice la séparation de biens auraient-elles été de nature à sauvegarder les droits des créanciers du mari ?

La loi ne l'a pas pensé.

Elle a considéré que des époux peu scrupuleux pouvaient, en faisant un tableau trompeur des affaires du mari, au moyen de la production de pièces de poursuite imaginaires, ou de la dissimulation de partie de son patrimoine, surprendre la religion des juges, et leur extorquer un jugement de séparation de biens. Et elle a prescrit une série de mesures, que nous avons déjà indiquées, et dont le but est de tenir les tiers au courant de la procédure suivie devant le tribunal, de leur permettre d'intervenir, et d'attaquer toute décision judiciaire qui aurait été rendue en fraude de leurs droits.

Elle a tout d'abord ordonné la publicité de la demande en séparation de biens.

L'utilité de cette prescription avait déjà été comprise dans quelques provinces de notre ancienne France, et principalement en Normandie, en Bourgogne et en Franche-Comté.

Les Parlements de Rouen, de Dijon et de Besançon exigeaient même la mise en cause des créanciers du mari.

Ainsi, un arrêt de règlement rendu le 30 août 1555 par le Parlement de Rouen, prescrivait, entre autres dispositions, la publication à haute voix, dans les places et marchés, des lettres de séparation obtenues en chancellerie par la femme, et, de plus, la remise au Procureur du Roi d'un état contenant les noms, prénoms et résidences des créanciers des époux qui devaient être appelés à l'instance afin de contester, s'ils le jugeaient bon, l'entérinement des lettres de séparation.

Le Parlement de Dijon voulait que les créanciers du mari et de la femme fussent assignés, à personne ou domicile lorsqu'ils étaient connus, et, s'ils ne l'étaient pas, qu'ils fussent avertis à cri public de la demande en séparation.

En Franche-Comté, les créanciers inconnus étaient prévenus par un édit appelé proclamat.

Lors de l'élaboration du Code civil, le maintien de ces usages fut demandé par la cour de Colmar dans ses observations et proposé par Malleville au Conseil d'État.

On jugea suffisant de prévenir les créanciers par une publicité spéciale et de leur donner le droit d'intervenir au procès.

Nous estimons qu'il eût été préférable de suivre l'exemple des Parlements de Dijon, de Rouen et de Besançon qui exigeaient la mise en cause des créanciers connus, et organisaient une publicité particulière pour avertir les créanciers inconnus de la demande de la femme.

On eût pu tout au moins suivre la procédure de la faillite et de la liquidation judiciaire, prévenir les créanciers connus par lettres recommandées, et faire pour les créanciers inconnus la publicité que nous examinerons plus loin.

Quoi qu'il en soit, il est actuellement sans nécessité de lier les créanciers à la procédure de séparation de biens.

Il est cependant deux cas où, en vertu de textes spéciaux, et pour des raisons particulières, cette règle reçoit exception.

Il faut supposer que le mari est en état de faillite ou de liquidation judiciaire.

A partir de la déclaration de faillite, il est, comme chacun sait, dessaisi de ses biens au profit du syndic de la masse créancière. Il en résulte rationnellement que c'est contre ce dernier que doivent être intentées toutes les actions en justice intéressant le patrimoine du failli. Aussi l'article 443 § 2 du Code de commerce dispose-t-il : « A partir de ce jugement (déclaratif de faillite), toute action mobilière ou immobilière ne pourra être suivie ou intentée que contre les syndics. »

Le débiteur, en liquidation judiciaire, s'il n'est pas dessaisi de l'administration de ses biens, ne peut faire aucun acte, même conservatoire, sans l'assistance de son liquidateur judiciaire. De plus, toute action mobilière ou immobilière, intéressant ses biens, ne peut être valablement intentée ou suivie contre lui seul : le liquidateur doit être mis en cause. (Article unique *in fine* de la loi du 4 avril 1890).

La séparation de biens affecte le patrimoine du mari. La demande qui tend à l'obtenir doit donc être dirigée contre le syndic ou le liquidateur judiciaire.

Toutefois, comme elle n'est pas purement pécuniaire, comme elle intéresse aussi les rapports moraux des époux, elle ne saurait être intentée valablement contre le syndic ou le liquidateur judiciaire seul : la femme est obligée de mettre le mari en cause (*Contra* : Demangeat, *Droit commercial*, t. V. p. 124. Boistel, *Précis de droit commercial*, n° 913, page 647).

La question s'est posée de savoir si une demande en séparation de biens, régulièrement intentée contre le mari, qui depuis est tombé en faillite, peut être continuée sans que le syndic soit appelé.

Le parag. 2 de l'article 443 C. de co., déjà cité, tranche expressément la difficulté dans le sens de la négative et impose à la femme l'obligation de suivre la procédure tant contre le mari que contre son syndic.

Il a fallu un texte formel pour faire admettre cette solution parce qu'en général le changement qui survient durant une instance dans l'état d'une partie n'interrompt pas la procédure et ne nécessite pas une nouvelle mise en cause (1).

Comme nous venons de le voir, c'est pour des rai-

1. Dufruc, *Sép. de biens*, n. 111. Pardessus, *Cours de droit commercial*, n. 1117. Ruben de Couder. *Dict. de droit commercial*, v° *Faillite*, n. 199. En ce sens, Trib. Seine, 28 juin 1886 (Dalloz, *Supplément*, *Contrat de mariage*. p. 115).
La même question se pose au cas de liquidation judiciaire

sons spéciales, et non pour donner plus de garanties aux créanciers du mari, que, dans l'hypothèse où le mari, sous le coup d'une poursuite en séparation de biens, tombe en faillite ou en liquidation judiciaire, le syndic ou le liquidateur judiciaire doit être appelé au procès par la femme.

Dans les autres cas, les créanciers ne sont pas mis en cause ; mais ils sont prévenus par un publicité particulière de la demande formée contre leur débiteur, et libres d'intervenir dans l'instance, s'ils le jugent nécessaire, pour sauvegarder leurs droits.

La publicité, à laquelle nous faisons allusion, est régie par les articles 866, 867 et 868 du Code de procédure civile qui a comblé la lacune que le Code civil présentait sous ce rapport. Il avait d'ailleurs été entendu, lors de la discussion du Code civil, qu'il serait complété par le Code de procédure sur ce point.

Les articles 866, 867 et 868 C. pr. civ., sont ainsi conçus :

Art. 866. « Le greffier du tribunal inscrira, sans délai, dans un tableau placé à cet effet dans l'au-

du mari : elle doit être résolue dans le même sens par application de l'article 24 de la loi du 4 mars 1889 et de l'article unique de la loi du 4 avril 1890.

ditoire, un extrait de la demande en séparation, lequel contiendra :

1° La date de la demande.

2° Les noms, prénoms, profession et demeure des époux.

3° Les noms et demeure de l'avoué constitué, qui sera tenu de remettre, à cet effet, ledit extrait au greffier, dans les trois jours de la demande. »

Art. 867. « Pareil extrait sera inséré dans des tableaux placés, à cet effet, dans l'auditoire du tribunal de commerce, dans les chambres d'avoués de première instance et dans celles de notaires, le tout dans les lieux où il y en a : lesdites insertions seront certifiées par les greffiers et par les secrétaires des chambres. »

Art. 868. « Le même extrait sera inséré, à la poursuite de la femme, dans l'un des journaux qui s'impriment dans le lieu où siège le Tribunal ; et s'il n'y en a pas, dans l'un de ceux établis dans le département, s'il y en a.

Ladite inscription sera justifiée ainsi qu'il est dit au titre de la saisie immobilière, article 696. »

Le renvoi que fait l'article 868 C. pr. civ. à l'article 696 du même Code est devenu inexact depuis que les lois du 2 juin 1841 et du 21 mai 1858 ont remanié le titre de la saisie immobilière ; c'est à l'article 698 qu'il faut recourir.

Cet article contient la disposition suivante :

Art. 698. « Il sera justifié de l'insertion aux journaux par un exemplaire de la feuille, contenant l'extrait énoncé en l'article précédent ; cet exemplaire portera la signature de l'imprimeur, légalisée par le maire. »

Les textes que nous venons de transcrire indiquent à la fois les formes de la publicité et le délai dans lequel elle doit être faite.

Section II. — *Formes de la publicité de la demande.*

Dès que la demande en séparation de biens est intentée, l'avoué de la femme, constitué dans l'ajournement, en rédige un extrait contenant la date de l'assignation, les noms, prénoms, profession et demeure des époux, et ses propres noms et adresse.

Chacune de ces indications présente un intérêt considérable pour les créanciers du mari et les tiers qui sont sur le point de traiter avec lui.

Les renseignements, que leur donne l'extrait sur les noms, prénoms, profession et demeure des époux en instance de séparation de biens, leur permettent de reconnaître s'il s'agit de leur véritable débiteur.

Quant à la date de la demande, elle a pour eux

une importance extrême, puisque, comme nous le verrons, les effets du jugement de séparation de biens rétroagissent au jour de l'ajournement.

Il ne leur est pas indifférent non plus de savoir quel est l'avoué de la femme ; par l'indication de ses noms et demeure, ils connaissent la juridiction saisie de la demande. Si l'affaire est portée devant un tribunal incompétent, ils peuvent donc intervenir immédiatement dans l'instance pour élever le déclinatoire et empêcher la prononciation du jugement.

L'extrait contiendrait certainement une mention incomplète si la qualité de l'avoué n'était pas indiquée tout au long et si elle ne portait pas le nom du Tribunal près lequel il exerce ses fonctions. La désignation suivante « M. X... avoué, demeurant à A... » ne nous paraît pas satisfaire au vœu de la loi surtout dans les chefs-lieux de cours d'appel où se trouvent des avoués d'appel et des avoués de 1re instance.

La connaissance du nom de l'avoué de la femme a d'ailleurs une autre utilité pour les créanciers du mari. Nous avons déjà dit qu'ils ont le droit de se faire donner communication des pièces du procès, et celui d'intervenir dans l'instance. Or, c'est de l'avoué de la femme que leur avoué aura la communication de la procédure et des actes sur lesquels la demande est

8

basée ; c'est à lui qu'il doit adresser la requête d'intervention.

Avec les mentions que nous avons examinées, l'extrait de la demande en séparation de biens est susceptible de fournir aux créanciers du mari tous les renseignements qui leur sont utiles.

Il reste à dire comment il est porté à leur connaissance.

Dans ce but, l'avoué de la femme doit accomplir une double formalité.

I. — Il doit d'abord effectuer le dépôt de l'extrait aux greffes des tribunaux de première instance et de commerce, et aux secrétariats des chambres des avoués et notaires de l'arrondissement où est situé le domicile du mari.

Les greffiers sont tenus d'inscrire ou d'insérer (la loi emploie indifféremment l'un et l'autre mot dans les articles 867 et 868 C. pr. civ.) l'extrait qui leur est remis, dans un tableau placé à cet effet dans l'auditoire des tribunaux de première instance et de commerce. Si, d'ailleurs, il n'y avait pas de cadre *ad hoc*, l'affichage pourrait être fait contre un mur de l'auditoire dans un endroit destiné à cet usage ; mais, il ne nous semblerait pas suffisant que l'extrait fût apposé à la porte de l'auditoire, même si telle était l'habitude, à cause de la facilité avec laquelle l'affiche pourrait être enlevée.

La loi n'édicte aucune prescription particulière pour l'exposition de l'extrait dans les chambres des avoués et notaires. Il y a lieu d'appliquer par analogie les règles précédentes.

Il va de soi que cette publicité n'est imposée au greffe du Tribunal de commerce et aux chambres des avoués et des notaires que « dans les lieux où il y en a ». La disposition de l'article 867 C. pr. civ. sur ce point doit s'entendre en ce sens que l'exposition de l'extrait est obligatoire, toutes les fois qu'il y a un tribunal de commerce ou des chambres de notaires ou d'avoué, non pas seulement dans la ville même ou siège le tribunal saisi de la demande, mais dans le ressort de ce tribunal, c'est-à-dire dans l'arrondissement où est domicilié le mari. S'il n'y en a pas dans cette circonscription, alors seulement on est dispensé de la publicité. C'est ce que démontre l'article 872 C. pr. civ. que nous étudierons plus loin (1).

Il n'est pas nécessaire que les greffiers civils et de commerce et les secrétaires des chambres d'avoués et de notaires dressent un procès-verbal de dépôt de l'extrait qui leur est remis. Ils peuvent cons-

1. Dutruc, *Sép. de biens*, p. 100 et 101.

later cette remise comme ils le jugent convenable ; mais, ils doivent, aux termes de l'article 867 *in fine* C. pr. civ., délivrer à l'avoué de la demanderésse en séparation de biens des certificats constatant l'exposition des extraits dans les endroits voulus par la loi. Ce sont ces certificats qui font preuve de la publicité.

II. — L'avoué de la femme doit, en même temps, faire insérer l'extrait de la demande dans l'un des journaux qui s'impriment dans le lieu où siège le Tribunal, et, s'il n'y en a pas, dans l'un de ceux publiés dans le département.

Il justifie de cette insertion par un exemplaire du journal qui a contenu l'extrait. Cet exemplaire porte la signature de l'imprimeur légalisée par le maire ; il est enregistré.

Section III. — *Du délai de la publicité de la demande.*

L'article 866 C. pr. civ., impose à l'avoué de la femme l'obligation de déposer l'extrait de la demande au greffe civil dans les trois jours de l'ajournement.

Aucun délai n'est fixé pour la remise d'un extrait identique au greffe du tribunal de commerce et aux chambres des avoués et notaires, et pour son insertion dans l'un des journaux de l'arrondissement où est situé le domicile du mari.

Aussi, certains auteurs en ont-ils conclu que cette publicité pourrait être faite, même après l'expiration du délai de trois jours prescrit pour le dépôt de l'extrait au greffe du Tribunal civil ; et ils ont décidé que les tribunaux avaient toute latitude pour apprécier si la publication ordonnée par les articles 867 et 868 C. pr. civ., était ou non tardive.

Nous ne partageons pas cette doctrine.

Les termes de la loi et son esprit nous obligent à reconnaître que le délai imparti par l'art. 868 C. pr. civ., s'applique à toute la publicité de la demande.

Nous tirons argument des mots « pareil extrait » et « même extrait » qui commencent les articles 867 et 868, et nous croyons qu'ils tendent à résumer l'article 866.

D'ailleurs, n'est-il pas dans le vœu du législateur de prévenir les tiers de la demande en séparation de biens, dès qu'elle est formée, et de faire cesser le plus tôt possible la situation équivoque qui est faite aux tiers et aux époux eux-mêmes par l'instance dont elle est le prélude ? Or, laisser toute latitude à

la femme pour publier la demande, c'est lui permettre de retarder à son gré le point de départ du
délai d'un mois qui doit séparer cette publicité
du jugement, et, par suite, d'éloigner la solution
du procès (1).

SECTION IV. — *Sanction des règles de publicité de la
demande.*

L'article 869 C. pr. civ., contient la sanction des
règles de publicité de la demande en séparation de
biens que nous venons d'examiner.

Il s'exprime en ces termes :

Art. 869. — « ...Les formalités ci-dessus prescrites
(pour la publicité de la demande) seront observées
à peine de nullité, laquelle pourra être opposée par
le mari ou par ses créanciers ».

La nullité, qui est édictée par l'article 869 C. pr.
civ., s'applique à chacune des formalités des articles 866, 867 et 868, C. pr. civ., même à l'inobservation du délai de trois jours durant lequel doit, selon nous, être opérée toute la publicité.

C'est en vain qu'on prétendrait qu'un délai n'est

1. *Contrà* : Bioche, *loc. cit.*, n. 24. Dalloz, *rép.*, *C. de mar.*,
n. 1735.

pas une formalité; c'est en tout cas un accessoire, une condition de la formalité.

D'ailleurs, les termes de la loi sont tout à fait généraux, et nous avons observé précédemment que dans son esprit la demande en séparation de biens doit recevoir une solution des plus rapides. Si l'observation du délai de trois jours prescrit par l'article 866 C. pr. civ. était dépourvue de sanction, ce résultat ne saurait être atteint. Supposons un instant que la femme soit libre de publier la demande dans le temps qui lui plaît ; elle pourrait impunément ne la faire que longtemps après, ce qui serait extrèmement fâcheux pour les époux eux-mêmes et surtout pour les tiers.

Il est évident, et il était bien inutile que la loi prenne la peine de le dire, que la femme ne serait pas recevable à se prévaloir de l'absence de publicité ou du retard qui y aurait été apporté. C'est elle qui est en faute de ne pas avoir observé la loi. Comment pourrait-elle se plaindre du défaut d'une publicité qui n'a pas été prescrite dans son intérêt ?

La nullité dont nous parlons n'étant organisée qu'au profit de certaines personnes, le mari et ses créanciers, est purement relative. Elle est donc susceptible de se couvrir par une ratification soit expresse soit tacite. Le créancier intervenant qui plaiderait au fond, le mari qui ferait procéder à une contre-enquête, interjetterait appel d'un jugement de séparation de biens, ou exécuterait une décision judiciaire préparatoire ou définitive, ne pourrait plus s'en prévaloir.

Les créanciers du mari ont un délai de trente ans pour se prévaloir de la nullité pour défaut de publicité de la demande. Ils peuvent la proposer soit par la voie de l'opposition ou de l'appel, soit par la voie de la tierce opposition (Dalloz, *Rép.* n° 1739 V. *infrà*, Chap. VII).

CHAPITRE III

Il faut donner aux créanciers le temps nécessaire pour prendre connaissance de la demande de la femme, pour en peser les motifs, et pour intervenir dans l'instance, s'ils le jugent convenable : peut-être sont-ils absents ou éloignés.

Aussi la loi veut-elle qu'il ne soit rendu aucun jugement avant l'expiration du délai d'un mois.

L'article 869 du Code de procédure civile dit en effet : « Il ne pourra être, sauf les actes conservatoires, prononcé sur la demande en séparation aucun jugement qu'un mois après l'observation des formalités ci-dessus prescrites... »

Aucun jugement, dit cet article, et par conséquent, ni jugement interlocutoire, ni jugement préparatoire, ne saurait valablement intervenir dans ce délai. La demande de la femme ne doit pas être soumise à l'appréciation des juges tant que les créanciers du mari ne sont pas complètement en mesure de la contester.

Le délai ne commence à courir que lorsque la demande est régulièrement formée et publiée. Il ne court donc pas tant que le syndic ou le liquidateur judiciaire du mari, tombé en faillite ou en liquidation judiciaire, n'ont pas été mis en cause, et tant que la dernière formalité de publicité n'a pas été remplie. Encore le jour où cette dernière formalité a été remplie ne doit-il pas être compté dans le délai ; sans quoi, il ne serait pas complet. « Ce n'est qu'après l'observation de ces formalités, a dit le Tribun Mouricault et même encore après l'intervalle d'un mois que le Tribunal peut rendre jugement. » C'est d'ailleurs la tradition que le *dies a quo* n'est pas compris dans le délai (1). L'article 25 de la loi du 22 frimaire an VII confirme d'une manière positive cet usage qui a été du reste proclamé et consacré par un arrêt de la Cour de cassation du 5 avril 1825 (D. P. 25. 1. 255) (2).

On s'est demandé si, en prenant pour point de départ le jour où la dernière formalité a été remplie, le délai d'un mois doit être calculé de quantième à

1. Dumoulin, *sur la C. de Paris*, art. 10 et 11.

2. Carré et Chauveau, *quest.*, n. 2037. Rodière et Pont, n. 2135. La question ne fait plus aucune difficulté à l'heure actuelle en doctrine et en jurisprudence.

quantième, ou s'il faut compter trente jours entiers, comme le prescrit l'article 40 du Code pénal.

On a reconnu, en s'inspirant d'une disposition de l'article 132 du Code de commerce (1) qu'il faut appliquer le calendrier grégorien, et par conséquent calculer de quantième à quantième, puisque, d'après ce calendrier, les mois sont inégalement composés. Quant à l'article 40 du Code pénal qui dispose que la peine d'un mois d'emprisonnement est de trente jours, il apporte à la règle générale une exception fondée sur ce motif que la peine doit être d'égale durée, à quelque époque de l'année qu'elle soit prononcée ou subie. Cette exception ne doit pas être étendue à d'autres cas (2).

Les termes de l'article 869 C. pr. civ., indiquent que le délai d'un mois est franc, c'est-à-dire que le jour du terme doit être compté, et qu'un jugement ne peut être rendu au plus tôt que le lendemain du dernier jour du mois (3).

Mais, il est certain que ce délai n'est pas susceptible d'augmentation à raison de la distance des lieux où les créanciers du mari ont leur domicile. La

1. L'art. 132, C. de co., § 2, est ainsi conçu. « Les mois sont tels qu'ils sont fixés par le calendrier grégorien ».

2. Cass., 9 novembre 1811 (D. 2, 1193). Carré, *quest.*, 2037. Toullier, t. 13, n. 56. Bioche, n. 31 et 32.

3. Toullier, t. 13, n. 53. Rodière et Pont, n. 829.

femme peut ne point connaître ces créanciers ou ignorer leur résidence ; et, d'un autre côté, il pourrait être dangereux pour ses intérêts que l'intervalle qui sépare la demande du jugement fût prolongé au-delà de certaines limites. D'ailleurs, les créanciers, qui, à raison de leur éloignement et de la brièveté du délai, n'ont pu être avertis assez tôt pour intervenir dans l'instance, conservent la ressource d'attaquer le jugement de séparation de biens prononcé et même exécuté en fraude de leurs droits (1).

Sanction de l'observation du délai d'un mois. — La loi interdit de la façon la plus énergique, en employant la locution *ne — que,* qu'il soit prononcé aucun jugement avant l'expiration du délai d'un mois. La sanction des règles qu'elle édicte est donc certainement la nullité. Les créanciers du mari, en faveur desquels le délai d'un mois a été créé, pourraient, par suite, faire tomber toute décision judiciaire qui serait intervenue sur la demande de la femme avant l'époque fixée par l'article 869 du Code de procédure civile.

1. Pigeau, t. 2, p. 529. Carré, *quest.*, n. 2938. Bioche, n. 32.

CHAPITRE IV

DROIT DES CRÉANCIERS D'OBTENIR COMMUNICATION DE
LA DEMANDE ET DES PIÈCES JUSTIFICATIVES, ET DE
LEUR DROIT D'INTERVENTION.

Nous avons vu que, dans certaines provinces de
notre ancienne France, il était de rigueur que les
créanciers du mari fussent appelés à contester les
demandes en séparation de biens.

Le Code civil n'a pas voulu exiger la mise en
cause de ces créanciers; mais, il leur permet d'intervenir dans l'instance pour contredire la demande
de la femme (art. 1447. Cod civ.). De plus, l'article
871 du Code de procédure civile, qui sert de complément à l'article 1447 du Code civil porte qu'ils
pourront « jusqu'au jugement définitif sommer l'a-
voué de la femme, par acte d'avoué à avoué, de leur
communiquer la demande et les pièces justificatives, même intervenir pour la conservation de leurs
droit, sans préliminaire de conciliation. »

Les créanciers du mari ont donc deux droits dis-

tincts qu'ils ont le loisir d'exercer « jusqu'au jugement définitif ».

Ils peuvent, non seulement intervenir dans l'instance, mais encore exiger au préalable, avant toute
intervention, que la demande et les pièces à l'appui
leur soient communiquées, afin qu'ils puissent s'assurer si leur intervention est opportune ; et, s'ils se
décident à intervenir au procès, ils ne sauraient être
écartés sous ce prétexte que l'affaire est en état.
Les créanciers deviennent dans ce cas, ainsi que le
dit un arrêt de la cour de cassation du 18 novembre
1835 (D. 35. 1. 444), « de véritables défendeurs appelés par la loi elle-même en déclaration de jugement commun.

L'article 1447 du Code civil, qui établit les droits
des créanciers du mari lors d'une séparation de
biens, ne peut pas d'ailleurs être considéré comme
limitatif. Il en résulte cette conséquence naturelle
que là où, par suite de la séparation prononcée, ces
créanciers ont également intérêt, ils doivent aussi
avoir les mêmes droits ; et, par exemple, comme on
ne peut contester qu'ils aient intérêt dans la liquidation des droits respectifs des époux séparés de
biens, lors de laquelle il peut être si facile de préjudicier aux leurs, on doit en conclure qu'ils peuvent, non seulement attaquer cette liquidation, quand

elle est faite, mais même intervenir pendant sa confection.

« Le droit d'intervention des créanciers n'est pas, comme le fait remarquer Laurent, une simple application de l'article 1166 du Code civil aux termes duquel les créanciers peuvent exercer tous les droits de leur débiteur. En effet, leur débiteur, le mari, est partie au procès ; il exerce son droit en défendant, en apparence du moins, à l'action dirigée contre lui. Mais, comme cette défense peut être frauduleuse et que les créanciers du mari ont le droit de faire annuler la séparation de biens qui aurait été prononcée en fraude de leurs droits par application des articles 1167 et 1447 § 1 Cod. civ., ainsi que nous le dirons, le législateur a sagement pensé qu'il valait mieux prévenir le mal que de le réparer. Le droit accordé aux créanciers est donc fondé autant sur l'article 1167, sur les principes de l'action paulienne, que sur l'article 1166. C'est un droit analogue à celui que leur accorde, en matière de partage, l'article 882 du Code civil, et il est fondé sur les mêmes raisons (1). »

Le droit d'intervenir dans l'instance appartient même aux tiers, qui ne sont pas créanciers actuels, mais à qui la demande en séparation de biens peut

1. Guillouard, *C. de mar.*, t. III, n. 1122.

préjudicier éventuellement. C'est ce qui résulte par analogie de l'article 1180 du Code civil qui permet aux créanciers conditionnels des actes conservatoires, et de la combinaison des articles 474 et 466 du Code de procédure civile (1). Par exemple, l'acquéreur d'un fonds dotal peut intervenir à l'effet de s'opposer à la séparation de biens qui aurait vraisemblablement pour résultat la révocation de la vente passée par le mari (2).

Mais, dans tous les cas, les créanciers ne peuvent empêcher la séparation de biens qu'en prouvant que la dot n'est pas en péril ou que les biens du mari sont suffisants pour répondre des reprises de la femme.

Rappelons qu'ils ont le droit d'intervenir dans une instance introduite devant un tribunal autre que celui du domicile du mari pour proposer l'incompétence lors même que le mari accepterait la juridiction choisie par la femme.

Ils pourraient, d'ailleurs, interjeter appel du jugement de séparation de biens, même s'ils n'étaient

1. Art. 474. « Une partie peut former tierce opposition à un jugement qui préjudicie à ses droits, et lors duquel, ni elle ni ceux qu'elle représente n'ont été appelés ». Art. 466. « Aucune intervention ne sera reçue, si ce n'est de la part de ceux qui auraient droit de former tierce opposition ».

2. Cass., 27 juin 1810 (D. *loc. cit.*, n. 1729 et 1730.

pas intervenus devant les premiers juges. Le motif
en est d'abord qu'en portant appel, ils exercent un
droit pécuniaire de leur débiteur, conformément au
principe général de l'article 1166 du Code civil. En
second lieu, s'ils n'interjetaient pas appel et que la
séparation de biens ait été prononcée en fraude de
leurs droits, ils pourraient l'attaquer par une action principale spéciale que nous étudierons plus
loin, et il vaut mieux faire réformer le jugement par
la voie ordinaire de l'appel que de contraindre les
créanciers à recourir à un mode exceptionnel d'attaque (1).

1. Guillouard, *loc. cit.*, n. 1124. Aubry et Rau, t. V, § 516
p. 304. Laurent, t. XXII, n. 265.

CHAPITRE V

SECTION I. — *Utilité, origine et formes de cette publicité.*

Dans les provinces de notre ancienne France où l'on avait compris la nécessité de porter la séparation de biens à la connaissance des tiers, et organisé une publicité spéciale pour la demande, on avait aussi prescrit de publier le jugement qui prononçait la séparation.

« Il faut, disait Lebrun, quelque chose qui divulgue la sentence de séparation de biens, qui l'apprenne à tout le monde, sans quoi c'est un piège tendu au public. »

Ainsi, d'après la coutume d'Orléans (article 198), la sentence de séparation devait être « publiée en jugement à jour ordinaire, le juge séant ».

En Normandie, l'arrêt de règlement du 30 août 1555 exigeait que les noms des époux séparés de biens fussent inscrits sur un tableau affiché dans le greffe du tabellionnage de la ville où siégeait le tribunal qui avait rendu la sentence.

L'article 143 de l'ordonnance de 1629, qui faisait loi en Bourgogne, prescrivait une formalité semblable dont l'inaccomplissement entraînait la nullité de la séparation.

Les coutumes de Dunois et de Sedan voulaient que la séparation de biens fût annoncée au prône.

Enfin, dans la plupart des autres coutumes, on lui donnait toujours une certaine publicité en la faisant insinuer au bureau dans l'étendue duquel le mari avait son domicile ; mais, le défaut d'insinuation n'annulait pas la sentence dont les effets à l'égard des tiers étaient seulement paralysés jusqu'à ce que cette formalité ait été remplie. On sait que l'insinuation a été abolie par la loi du 5 novembre 1790.

D'autre part, l'ordonnance de 1673, titre 8, qui recevait son application dans la France entière, avait prescrit des formalités particulières pour les séparations de biens des commerçants : la publication de la sentence à l'audience de la juridiction consulaire, sinon, dans l'assemblée de l'hôtel de ville, et l'insertion dans un tableau exposé en lieu public.

La loi du 30 septembre 1792 avait étendu aux jugements qui prononçaient le divorce entre des individus commerçants les formalités d'enregistrement et de publication établis par l'ordonnance de 1673 pour les sentences de séparation de biens.

Ces dispositions spéciales relatives aux divorces et aux séparations de biens des commerçants n'avaient pas été abrogées par la loi générale du 15 fructidor an VI qui avait institué un mode général de publicité pour les actes et jugements intéressants l'Etat civil des citoyens. Elles étaient donc en vigueur au moment de la promulgation des Codes.

Les législateurs de 1804 ne pouvaient hésiter à suivre encore à cet égard les errements de l'ancien droit.

S'il importe aux créanciers du mari de connaître la demande en séparation de biens afin de pouvoir la contester, il n'est pas moins essentiel qu'ils soient informés du jugement qui a pu être rendu avant qu'ils se soient trouvés en mesure d'intervenir et contre lequel ils ont intérêt à se pourvoir. La publicité du jugement est également nécessaire pour avertir les tiers qui ne sont pas créanciers du mari de la déchéance dont ce dernier a été frappé.

Ce sont les articles 1445 C. civ., et 872 C. pr. civ., qui organisent cette publicité.

Voici ces textes :

Art. 1445 C. civ. — « Toute séparation de biens doit, avant son exécution, être rendue publique par l'affiche sur un tableau à ce destiné, dans la principale salle du Tribunal de première instance, et de plus, si le mari est marchand, banquier ou commerçant, dans celle du tribunal de commerce du lieu de son domicile ; et ce, à peine de nullité de l'exécution.

Le jugement qui prononce la séparation de biens, remonte, quant à ses effets, au jour de la demande.

Art. 872 C. pr. civ., — « Le jugement de séparation sera lu publiquement, l'audience tenante, au tribunal de commerce du lieu, s'il y en a : extrait de ce jugement, contenant la date, la désignation du tribunal où il a été rendu, les noms, prénoms, profession et demeure des époux, sera inséré sur un tableau à ce destiné et exposé pendant un an, dans l'auditoire des tribunaux de première instance et de commerce du domicile du mari, même lorsqu'il ne sera pas négociant ; et, s'il n'y a pas de tribunal de commerce, dans la principale salle de la maison commune du domicile du mari. Pareil extrait sera inséré au tableau exposé en la chambre des avoués et notaires, s'il y en a. La femme ne pourra commencer l'exécution du jugement que du jour où les formalités ci-dessus auront été remplies, sans que néaumoins il soit nécessaire d'attendre l'expiration du susdit délai d'un an.

Le tout sans préjudice des dispositions portés en l'article 1445 du Code civil ».

L'article 872 C. pr. civ., modifie donc sur un point l'article 1445 C. civ., et le complète par l'institution de formalités nouvelles.

Et d'abord l'article 872 C. pr. civ., n'exige que l'affichage de l'extrait du jugement tandis que l'article 1445 C. civ., prescrivait l'affiche de tout ce jugement.

D'autre part, suivant l'article 1445 C. civ., le jugement ne devait être exposé dans l'auditoire du tribunal de commerce que lorsque le mari était négociant ; au contraire, l'article 872 C. pr. civ. veut que, dans le cas même où le mari n'est pas commerçant, cette formalité soit observée.

Ce même article ordonne en outre la lecture du jugement à l'audience du tribunal de commerce et l'exposition d'un extrait dans les chambres des avoués et notaires de l'arrondissement où est situé le domicile du mari.

Ces indications nous permettent d'observer que la publicité du jugement prononçant la séparation de biens diffère de celle de la demande sur laquelle il est intervenu, en ce sens que le jugement doit être lu à l'audience du tribunal de commerce, et que son insertion par extrait dans un journal n'est pas prescrite.

Il était bien inutile d'ordonner la lecture au tribunal de commerce d'une demande en séparation de biens qui peut ne pas être accueillie. L'affichage d'un extrait dans l'auditoire de ce tribunal est bien suffisant.

Mais, il est tout à fait regrettable, à notre avis, que l'article 872 C. pr. civ., n'ait pas exigé l'insertion d'un extrait du jugement dans un journal de l'arrondissement du domicile du mari. L'accomplissement de cette formalité eût constitué le meilleur mode de publicité (1).

En pratique, l'avoué de la femme ne manque jamais de faire faire cette insertion ; et, on ne peut que l'en féliciter. Mais, s'il omettait de remplir cette formalité, un créancier du mari ne pourrait pas, sur ce fondement, attaquer la décision qui a prononcé la séparation de biens. Pour soutenir le contraire, on s'appuierait vainement sur l'article 92 du tarif civil qui passe un droit à l'avoué pour faire opérer l'insertion. Le tarif civil ne saurait permettre de suppléer au silence de l'article 872 C. pr. civ.

Il serait désirable qu'une disposition législative expresse vînt compléter la loi sur ce point (2).

1. Voir Colmet de Santerre, t. 6, n. 93 *bis*, I et II. Laurent, t. XXII, n. 246. Guillouard, t. III, n. 1130.

2. L'article 250 du Code civil, modifié par la loi du 18 avril 1886, prescrit, sous le cas de divorce, qu'un extrait du jugement sera inséré dans l'un des journaux qui se publient dans le lieu où siège le tribunal, ou, s'il n'y en a pas, dans

La combinaison des articles 1445 C. civ. et 872 C. pr. civ. nous montre que la publicité du jugement de séparation de biens consiste dans l'accomplissement de deux formalités distinctes :

La lecture de la sentence à l'audience publique du tribunal de commerce ;

Et l'affichage d'un extrait dans les auditoires des tribunaux civil et de commerce, et dans les chambres des avoués et notaires de l'arrondissement où est domicilié le mari.

I. — *Lecture du jugement au tribunal de commerce.*

L'article 872 C. pr. civ., porte que « le jugement de séparation de biens sera lu publiquement, l'audience tenante, au tribunal de commerce du lieu, s'il y en a ».

Que faut-il entendre par les mots « tribunal de commerce du lieu ».

Est-il nécessaire, pour que la formalité dont parle

l'un de ceux publiés dans le département. Cet article n'étant pas compris dans ceux que l'article 307 du Code civil déclare applicables à la séparation de corps, il en résulte que l'insertion dans les journaux n'est pas plus obligatoire pour les jugements prononçant la séparation de corps que pour ceux qui prononcent la séparation de biens.

l'article 872 C. pr. civ. doive être remplie, qu'il existe un tribunal de commerce dans la commune même où le mari a son domicile ? Ou suffit-il qu'il y en ait un dans l'arrondissement où est situé ce domicile ?

En faveur de la première opinion, on a dit que par cette expression « s'il y en a » le législateur n'a pas pu vouloir viser le cas où il n'y aurait pas de tribunal de commerce dans l'arrondissement de la demeure du mari ; car, il emploie la même formule quand il ordonne l'insertion au tableau exposé dans les chambres des avoués et notaires ; et, cependant, il y a dans tous les arrondissements des chambres de notaires et d'avoués. On en a conclu que c'est de l'existence d'un tribunal de commerce dans le lieu même où habite le mari que le législateur a entendu parler.

La solution opposée nous paraît préférable. La lecture au tribunal de commerce s'impose toutes les fois qu'il existe un tribunal de cette espèce dans l'arrondissement du domicile du mari.

Cette doctrine a été fort bien justifiée par un jugement du tribunal de St-Gaudens du 28 mai 1833, confirmé par la Cour de Toulouse le 18 juin 1835.

« Considérant, dit ce jugement, que l'article 872 C. pr. civ., qui est le complément de l'article 1445 C. civ., impose à la femme l'accomplissement d'une double formalité qu'on ne doit pas confondre : 1°

l'affiche dans l'auditoire du tribunal de commerce du domicile du mari, négociant ou non, et, s'il n'y a pas de tribunal de commerce, dans la principale salle de la maison commune du domicile du mari ; 2° la lecture publique du jugement à l'audience du tribunal de commerce du lieu, s'il y en a ; — Attendu que, d'après les termes de l'article 872 C. pr. civ., on pourra admettre que l'extrait du jugement dont s'agit a été valablement affiché dans la commune de X..., mais que l'accomplissement de cette formalité n'a pu dispenser la dame A... de l'obligation de rapporter la preuve que ce jugement a été lu publiquement à l'audience du tribunal de commerce du lieu où il s'est rendu ; et, c'est ainsi qu'il faut interpréter les mots « du lieu, s'il y en a », parce que les tribunaux de commerce sont situés presque toujours dans les lieux où sont établis les tribunaux de première instance et qu'ici la loi ne parle pas du domicile du mari comme pour l'affiche ; que la règle pour l'une n'est pas la règle pour l'autre, la lecture étant une formalité trop importante pour la confondre avec l'affiche ; qu'en un mot, lorsqu'il existe un tribunal de commerce dans un arrondissement, le vœu de la loi est que la lecture du jugement de séparation soit faite publiquement à l'audience de ce tribunal » (1).

1. V. ce jugement dans Dalloz, *Rép.*, *loc. cit.*, p. 304, en note. Trib. Orange, 6 septembre 1851 (D., 51, 5, 484).

Un auteur avait imaginé que, pour opérer la lecture du jugement de séparation de biens au tribunal de commerce, il fallait porter la grosse du jugement au greffe de ce tribunal, afin que la formalité de la lecture fût inscrite au rôle et appelée ensuite à l'audience avant toute cause. Un mandataire de la femme aurait demandé par conclusions que le tribunal prescrive cette lecture et en donne acte par jugement (1).

Cette opinion, qui créait toute une procédure sans avoir pour elle aucun texte, a été, à bon droit, repoussée par les autres commentateurs et par la jurisprudence (2).

Il suffit, pour prouver que la formalité a été remplie, que le greffier certifie au pied de la grosse du jugement ou par une déclaration séparée que la lecture prescrite par la loi a été faite.

A Paris, on se contente d'une lettre de l'agréé qui a lu le jugement.

II. — *Affichage de l'extrait du jugement.*

Il ne suffit pas de lire le jugement de séparation de biens à l'audience publique du tribunal de com-

1. Demiau-Crouzillac, p. 545.
2. Dutruc, *loc. cit.*, p. 123 et 124.

merce ; il faut, de plus, en afficher un extrait dans l'auditoire des tribunaux civil et de commerce et les chambres des avoués et notaires de l'arrondissement du domicile du mari.

Cet extrait doit contenir la date du jugement, la désignation du tribunal qui l'a rendu, et les noms, prénoms, profession et demeure des époux entre lesquels la séparation de biens a été prononcée.

L'affichage est opéré de la même manière que celui de l'extrait de la demande.

Il y a lieu, toutefois, de faire quelques observations sur les formalités de publicité à remplir au tribunal de commerce, et aux chambres des avoués et notaires.

A. La loi veut que, s'il n'y a pas de tribunal de commerce, l'extrait du jugement soit exposé dans la principale salle de la maison commune du domicile du mari. (Art. 872 C. pr. civ.) (1).

Ces mots « s'il n'y a pas de tribunal de commerce », qu'emploie l'art. 872 C. pr. civ., ont-ils trait à l'hypothèse où le tribunal de commerce ne siège pas dans la commune même où le mari est domicilié, ou bien simplement au cas où il n'y a pas de tribunal

1. La preuve de la publication à la maison commune peut résulter d'un certificat du maire qui sera opposable aux tiers, sans qu'il ait date certaine. Rouen, 29 avril 1845 (S., 47, 2, 164). Dutruc, *loc. cit.*, p. 133.

de commerce dans l'arrondissement et où le tribunal civil en fait les fonctions ?

Certains arrêts ont décidé, dans le sens de la première interprétation, que, lorsqu'il n'y a pas de tribunal de commerce établi et siégeant dans le lieu où le mari a son domicile, l'affichage de l'extrait du jugement de séparation de biens doit être fait à la principale salle de la maison commune de ce domicile. D'après l'arrêt de la cour de Montpellier du 18 mars 1831 (1), « l'un des meilleurs moyens de divulguer la séparation de biens est de l'annoncer par des affiches dans le lieu de la résidence ou du domicile des personnes séparées ; et l'on ne peut admettre une interprétation de la loi qui priverait de ce moyen : or, on en serait le plus souvent privé si, lorsqu'il existe un tribunal de commerce ailleurs qu'au lieu même du domicile et qui seulement embrasserait ce lieu dans son ressort, l'affiche était apposée à la salle d'audience de ce tribunal, car alors il n'en serait apposé aucune dans le lieu de sa résidence ;... sans doute, lorsqu'il existe un tribunal de commerce ayant son siège dans le lieu du domicile, l'affiche doit être apposée à la salle de son auditoire, parce que, dans ce cas, le législateur l'a préférée et indiquée ; mais, hors ce cas, c'est à la maison commune que l'affiche doit avoir lieu ».

1. Dalloz, *Rép.*, *loc. cit.*, p. 366 en note.

Cette solution est généralement repoussée, et, à notre avis, avec raison (1).

Rien n'établit, en effet, que le législateur ait voulu absolument qu'une affiche fût apposée dans le lieu de la résidence du mari ; il est, au contraire, évident que sa seule intention a été de faire afficher le jugement aux endroits où il pourrait se rencontrer un plus grand concours de personnes intéressées à le connaître.

Il ne saurait, d'ailleurs, être douteux que l'affiche au tribunal de commerce de l'arrondissement produirait encore plus d'effet qu'à la maison commune. La prémisse de la Cour de Montpellier est donc inexacte.

D'autre part, peut-on hésiter à reconnaître qu'ici le législateur a attaché à ces mots « tribunal du lieu », « tribunal du domicile » la même signification que dans les articles 59, 61, 420, 554 et 606 du Code de procédure civile ; et, on ne saurait prétendre que, dans les cas prévus par ces articles, le

1. En notre sens, Toulouse, 18 juin 1835 (D. 36. 2. 90). Rennes, 14 janvier 1850 (D. 51. 4. 482). Caen, 12 décembre 1851 (D. 54, 2. 289). Cass., 17 mars 1852 (D. 52, 1, 113). Lyon 23 février 1854 (D. 55, 2, 44). Alger, 5 juin 1874 (D. 78, 2, 9). *Adde*, Chauveau sur Carré, *quest.*, 2046 *ter*. Rodière et Pont, n. 2145. Trop'ong, n. 1378. Bioche, n. 46. Dalloz, *rép.*, *loc. cit.*, n. 1775 et 1776. Dutruc, *loc. cit.*, p. 128 et 129.

tribunal doive avoir son siège dans la commune même où le défendeur est domicilié.

Il y a plus, la contexture même de l'article 872 C. pr. civ. suffit pour démontrer que la seconde interprétation est la seule admissible, et que par conséquent la loi, en prescrivant l'affiche à la maison commune en l'absence de tribunal de commerce, se réfère à l'hypothèse où c'est par le tribunal civil que les fonctions du tribunal de commerce sont remplies. On ne peut, en effet, contester que, dans cet article, la loi attribue le même sens au mot domicile, qu'il s'agisse du tribunal de première instance ou du tribunal de commerce. Or, personne n'oserait soutenir que le tribunal de première instance, doive être le tribunal de la localité, car il en résulterait que l'affiche ne pourrait avoir lieu si le tribunal civil avait son siège dans une commune autre que celle du domicile du mari. Et, s'il est vrai que par tribunal de première instance du domicile on doit entendre celui dans le ressort duquel le mari est domicilié, il faut nécessairement donner le même sens aux mots : tribunal de commerce du domicile.

B. — On s'est demandé, en présence des dispositions contraires des articles 1445 C. civ. et 872 C. pr. civ., si le jugement de séparation de biens ne doit pas être affiché en entier dans l'auditoire du tribunal de commerce lorsque le mari est négociant (en conformité de l'article 1445 C. civ.) bien qu'un extrait y ait déjà été exposé en vertu de l'article 872 C. pr. civ.

Delaporte s'est basé sur le dernier paragraphe de l'article 872 *in fine* C. pr. civ. « le tout sans préjudice des dispositions portées en l'article 1445 du Code civil » pour admettre cette solution (1).

Mais, à quoi servirait ce double affichage ? N'est-il pas suffisant pour les créanciers du mari d'être prévenus par l'exposition de l'extrait du jugement que la femme a obtenu sa séparation de biens ?

Si l'article 872 C. pr. civ. a maintenu les dispositions de l'article 1445 C. civ. ce n'est évidemment qu'à l'égard de ce qu'il n'a pas lui-même prévu et réglé.

C. — On a aussi, pour le même motif, l'opposition que paraissent présenter dans leurs dispositions les articles 1445 et 872 précités, soulevé la question de savoir si l'insertion de l'extrait du jugement au tableau placé dans l'auditoire du tribunal de commerce doit avoir lieu quoique le mari ne soit pas commerçant.

1. *Commentaire sur l'art, 872 C. pr. civ.* En notre sens, Benoît, *De la dot*, t. I, n. 303.

Malgré les scrupules de Demian-Crouzilhac (1) et Delaporte (2), le doute n'est pas possible. L'article 872 C. pr. civ. a évidemment entendu déroger sur ce point à l'article 1445 C. civ. ou plutôt le compléter.

Le tribun Mouricault le faisait très bien comprendre dans son rapport au Corps législatif.

« Il a paru juste, disait-il, de rendre générales les formalités qui ne s'observaient que pour les séparations des femmes des commerçants (3). »

D. — Une autre discussion s'est élevée sur le sens à donner au paragraphe suivant de l'article 872 C. pr. civ. : « Pareil extrait (du jugement de séparation de biens) sera inséré au tableau exposé en la chambre des avoués et notaires, s'il y en a ».

Chauveau interprète cette disposition en enseignant que l'affichage dont elle parle ne s'impose que si le mari a son domicile dans la commune où les chambres des avoués et notaires se réunissent (4). Mais, cet auteur reconnaît lui-même que l'insertion d'un extrait doit toujours avoir lieu au tribunal de commerce bien que le mari n'ait pas son

1. P. 546.
2. T. II, p. 408.
3. Voir Dutruc, *loc. cit.*, p. 124, et les auteurs et arrêts qu'il cite.
4. Chauveau sur Carré, *quest..* 2046 *ter*.

domicile dans la commune même où siège ce tribunal.

Pourquoi l'affiche ne devrait-elle pas être apposée dans les chambres des avoués et des notaires toutes les fois qu'elle est possible, même si ces chambres ont leur lieu de réunion ailleurs qu'au domicile du mari ?

La loi n'a-t-elle pas voulu donner l'extension la plus grande à la publicité de la séparation de biens ?

Aussi présumerons-nous, avec la plupart des auteurs, que l'article 872 C. pr. civ. a eu en vue le cas où la chambre des notaires où celle des avoués n'a pas de local fixe pour tenir ses assemblées. L'arrêté du 2 nivôse an XII, article 16, dispose, il est vrai, que les chambres des notaires auront un lieu déterminé pour leurs réunions ; mais, le décret du 13 frimaire an IX, qui rétablit les avoués près les cours et tribunaux, ne contient aucune disposition semblable pour leurs chambres. On sait, d'ailleurs, qu'il est souvent dans les règlements et même dans les lois des prescriptions qui ne sont pas exécutées.

Si donc les chambres des notaires et des avoués n'avaient aucun local fixe pour se réunir, il ne pourrait servir à rien de remettre à leurs secrétaires un extrait qui ne serait affiché nulle part. L'observation du paragraphe précité de l'article 872 C. pr. civ., ne saurait donc être obligatoire dans cette hypothèse.

E. — Une controverse s'est aussi élevée sur le point suivant. Au cas où le mari est venu à changer de domicile dans l'intervalle de la demande et du jugement, la publicité doit-elle ou non être faite concurremment à son nouveau et à son ancien domicile ?

Il est inutile, suivant certains auteurs, de publier la sentence qui prononce la séparation de biens au nouveau domicile du mari, parce que, suivant eux, « il est de principe que toute procédure doit être menée à fin devant le tribunal où elle a été régulièrement commencée quels que soient les changements survenus dans la position des parties » (1), et que la loi elle-même applique cette règle dans les articles 874 C. pr. civ., et 92 du tarif civil qui ont trait à notre matière. La première de ces dispositions prescrit, en effet, à la femme de renoncer à la communauté au greffe du tribunal saisi de la demande ; et la seconde passe un droit à l'avoué pour faire insérer l'extrait du jugement dans les mêmes tableaux où a été inséré l'extrait de la demande.

Malgré ces arguments, nous croyons que la publicité doit être faite aux deux domiciles du mari. L'intérêt des tiers exige qu'il en soit ainsi. Le tarif civil, dont le seul but est de fixer les émoluments des officiers ministériels pour les différents actes de leur ministère, n'a pu ajouter ou retrancher au Code de procédure civile, et par suite donner la solution de notre controverse.

D'ailleurs, les termes de l'article 872 C. pr. civ., qui se contentent de parler du mari, laissent place à notre interprétation et nous permettent ici une dérogation au principe invoqué par les partisans de la première doctrine.

Section II. — *Du délai dans lequel la publicité doit être faite.*

Pour être efficace, la publicité du jugement de séparation de biens doit être opérée dans le plus bref délai. C'est pourquoi les articles 1445 C. civ. et 872 C. pr. civ. prescrivent de la faire avant l'exécution du jugement, c'est-à-dire dans la quinzaine qui suit sa prononciation.

La femme n'est pas obligée d'attendre la signification du jugement, qui est le préliminaire obligé de toute exécution, avant de remplir les formalités de publicité voulues par la loi. S'il n'en était pas ainsi, elle aurait la faculté de prolonger à son gré le délai de quinzaine dans lequel la publication doit avoir lieu en ne faisant pas signifier le jugement ; et, dès lors, il dépendrait d'elle de retarder d'une manière indéfinie l'exécution, ce que le législateur a précisément tenu à empêcher par la fixation d'un délai très court.

On est même allé jusqu'à décider que l'avoué de la femme peut faire insérer les extraits du jugement aux tableaux dont parle l'article 872 C. pr. civ. avant que ce jugement ait été enregistré (1).

Voici comment on a raisonné.

D'après l'article 20 de la loi du 22 frimaire an VII, les greffiers ont un délai de 20 jours pour l'enregistrement des jugements de toute nature. Si donc l'avoué ne pouvait faire publier le jugement de séparation de biens avant l'accomplissement de cette formalité, il arriverait que, n'ayant aucun moyen de contraindre le greffier à soumettre à l'enregistrement la décision judiciaire dont nous parlons avant l'expiration du délai de 20 jours, il se trouverait souvent exposé à laisser atteindre par une nullité inévitable la séparation de biens qu'il aurait obtenue.

Il y a là sans doute un inconvénient ; mais, il se rencontre également quand il s'agit de l'exécution du jugement qui doit avoir lieu aussi dans la quinzaine de son prononcé.

Or, personne n'admettra que la femme puisse faire exécuter le jugement de séparation de biens avant qu'il ait été enregistré.

1. Voir jugement du Trib. d'Orange du 22 décembre 1846 (D. 51, 5, 481), qui décide que l'avoué de la femme n'est pas passible d'amende pour avoir publié un jugement de séparation de biens non encore enregistré.

Nous croyons que, dans l'un et l'autre cas, la femme doit mettre le greffier en demeure de faire enregistrer le jugement avant l'expiration du délai de quinzaine avec offre d'avancer elle-même les droits d'enregistrement, et que, si elle rencontre une résistance obstinée, le retard soit dans la publication soit dans l'exécution ne sera pas une cause de nullité de la séparation de biens. La femme ne peut être tenue à l'impossible. Mais, la nullité devrait être prononcée si la femme ne justifiait pas qu'elle a fait tout ce qui dépendait d'elle pour hâter la formalité de l'enregistrement.

Il est aussi une autre hypothèse où on ne peut faire grief à la femme de n'avoir pas rempli les formalités de publicité dans le délai imparti par la loi.

C'est dans le cas où le jugement de séparation de biens est attaqué par la voie de l'opposition ou de l'appel avant l'expiration de la quinzaine qui court de son prononcé.

La séparation de biens peut ne pas être maintenue par le jugement sur l'opposition ou par l'arrêt qui interviendront. A quoi pourrait servir de la publier ?

Le délai dont parle l'article 1445 C. civ. ne partira donc que du jour où il aura été rendu soit un jugement qui rejette l'opposition soit un arrêt confirmatif.

C'est la première sentence qui devra alors être publiée.

La femme pourra bien, par surcroît de précautions, porter à la connaisssance des tiers le jugement sur l'opposition ou l'arrêt : mais, nous ne pensons pas que ce soit de rigueur. La loi n'a prescrit la publicité que pour le jugement même qui prononce la séparation de biens ; et, ce jugement, malgré l'opposition ou l'appel, n'a rien perdu de sa force primitive, aussi bien vis-à-vis des tiers qu'entre les époux (1).

SECTION III. — *Durée d'exposition des extraits du jugement.*

La loi dit expressement que l'extrait du jugement de séparation de biens doit rester inséré pendant un an dans l'auditoire des tribunaux de première instance et de commerce, et, à défaut de tribunal de commerce, à la maison commune du domicile du mari (2).

1. Carré et Chauveau, *quest.*, 2966. Bioche, n. 55. Dutruc, *loc. cit.*, p. 134 et 135. *Contrà.* Odier, n. 881.
2. Art. 872. Cpr. civ.

Elle ne paraît pas exiger la même durée d'exposition pour les extraits qui sont affichés dans les chambres des avoués et des notaires.

Mais le doute n'est pas possible. Il y a dans l'un et l'autre cas identité de motifs. D'ailleurs, cette solution résulte virtuellement de l'avant dernier paragraphe de l'article 872 C. pr. civ., qui semble bien faire rapporter le délai d'un an à toutes les formalités qu'il prescrit.

SECTION IV. — *Sanction des règles de publicité du jugement.*

Il est de doctrine et de jurisprudence que les formalités de publicité du jugement de séparation de biens doivent être observées à peine de nullité de l'exécution et du jugement lui-même (1).

Et cependant, la loi n'édicte pas expressément cette sanction ; mais, elle résulte des expressions irritantes de l'article 872 C. pr. civ. : « La femme ne pourra commencer l'exécution de ce jugement

1. Cass., 17 mars 1852 (D. 52, 1, 113). Alger, 5 juin 1874 (D. 78, 2, 9). Rodière et Pont, t. 3, n. 2143. Carré et Chauveau, *quest.*, 2946 *bis*. Aubry et Rau, t. V, § 516, note 26, p. 306. Laurent, t. XXII, n. 247. Guillouard, n. 1128.

que du jour où les formalités (de publicité) ci-dessus auront été remplies », et du renvoi, que contient cet article, aux dispositions de l'article 1445 C. civ. qui prononce la nullité.

Toutefois, un auteur, Berriat St-Prix, a hésité à admettre cette sanction au cas où la femme a omis de faire insérer l'extrait du jugement au tableau de l'auditoire du tribunal de commerce quand le mari n'est pas négociant. Les scrupules de Berriat St-Prix viennent de ce que l'article 872 Cpr. civ. n'a pas reproduit la peine de la nullité prononcée par l'article 1445 C.Civ. pour le cas où le mari est commerçant(2).

Il est vrai que l'article 872 ne prononce pas la nullité en termes exprès, mais il la sous-entend en disposant que la femme ne pourra commencer l'exécution du jugement qu'après avoir rempli les formalités de publicité. D'ailleurs, l'intention du législateur, révélée par le tribun Mouricault, a été d'exiger l'accomplissement de la formalité quelle que soit la profession du mari.

1. Aubry et Rau, t. V, § 516. Texte et note 26, p. 306. Laurent, t. XXII, n. 247. Guillouard, n. 1127.

La séparation de biens prononcée à l'étranger et non publiée en France est entachée de clandestinité vis-à-vis des créanciers français et par suite ne peut être invoquée contre eux (Trib. Seine, 3 août 1887 (*Pand. franç.*, 87, 2, 390). Guillouard, n. 1120.

2. Berriat St-Prix, *loc. cit.*, p. 672, observ. 2.

A ces raisons, nous ajoutons avec la Cour de Caen (1)
« que la loi, ayant placé sur la même ligne la publication à faire au tribunal de commerce et celles
qui doivent avoir lieu au tribunal civil, et leur ayant
reconnu le même degré d'importance, « on ne peut
penser qu'il ait voulu punir d'une manière différente
leur omission ; que les mots « le tout sans préjudice
des dispositions portées dans l'article 1445 du Code
civil », qui terminent l'article 872, ne laissent pas de
doute à cet égard, puisqu'en effet toutes les dispositions de l'article 1445 se trouvant textuellement re-
produites dans l'article 872, excepté celle relative à
la pénalité, il est clair que ce dernier article se réfère
à l'autre, non seulement pour maintenir cette disposition, mais encore pour se l'approprier ; que l'article 872 déclare positivement que la femme ne
pourra commencer l'exécution du jugement que du
jour où les formalités qu'il indique auront été remplies, ce qui, d'après les principes ci-devant déduits,
doit être observé à peine de nullité (1) ».

1. Cass., 15 juillet 1828 (D. *Rép.*, *loc. cit.*, p. 366).
1. Voir pour les caractères de cette nullité ce qui est dit
ci-après sur la nullité pour défaut d'exécution dans la quinzaine (ch. 6 *in fine*) et sur son mode d'exercice (ch. 7 au début).

APPENDICE

La séparation de biens accessoire à la séparation
de corps doit-elle être rendue publique à peine de
nullité?

Il y a une hypothèse où l'affirmative est certaine :
c'est lorsqu'il s'agit d'époux dont l'un est commerçant. Alors, aux termes de l'article 66 du Code de
commerce, tout jugement prononçant la séparation
de corps ou le divorce est soumis aux formalités de
l'article 872 C. pr. civ. ; à défaut de quoi, les créanciers sont toujours admis à s'y opposer, ainsi qu'à
toute liquidation qui en serait la suite.

Mais, que décider s'il s'agit d'époux qui ne sont
pas commerçants. Nous croyons qu'il faut aussi répondre affirmativement. En premier lieu, aux termes de l'article 880 C. pr. civ., extrait du jugement
de séparation de corps doit être inséré aux tableaux
exposés tant dans l'auditoire des tribunaux civil et
de commerce que dans les chambres d'avoués et de
notaires, « ainsi qu'il est dit article 872 ». C'est
donc la même publicité que celle de l'article 872 qui

est prescrite, et elle doit être protégée par la même sanction. En second lieu, les motifs qui font annuler la séparation de biens princip. le pour défaut de publicité se retrouvent ici : dans les deux cas, les tiers ont les mêmes intérêts, celui de connaître le changement apporté au régime matrimonial des époux (1).

1. Voir *Req* , 14 mars 1837 (Dalloz. *Rép.*, n. 1792). Laurent, t. XXII, n. 248. Guillouard, n. 1129.

CHAPITRE V

DE L'EXÉCUTION DU JUGEMENT DANS LA QUINZAINE.

Section I. — *Son origine, son utilité.*

Si le jugement de séparation de biens n'était pas suivi d'exécution, il serait naturel de penser que la femme n'a pas agi d'une manière sérieuse et que son but était moins d'assurer la conservation de sa dot que de frustrer les créanciers du mari.

On avait déjà été frappé de cette pensée dans notre ancien droit.

Aussi la coutume de Paris (art. 224), celle d'Orléans (art. 198) et les arrêtés de Lamoignon (art. 82) exigeaient-ils, pour la validité de la séparation de biens, indépendamment de sa publicité, qu'elle fût exécutée sans fraude ; autrement, elle ne produisait aucun effet.

L'exécution consistait soit dans le remboursement de la dot soit tout au moins dans des poursuites faites pour obtenir ce remboursement et non aban-

— 154 —

données depuis. Le moyen le plus ordinaire de prévenir toute contestation de la part des créanciers sur la sincérité de l'exécution était de faire procéder publiquement à la vente des objets mobiliers du mari au profit de la femme. Par là, cette dernière devenait propriétaire de tout ce qui se trouvait dans le domicile conjugal et elle en imputait la valeur sur le montant de sa dot.

Mais les coutumes et la jurisprudence ne prescrivaient aucun délai fatal pour l'exécution.

Il faut bien se garder d'en conclure, comme l'ont fait certains auteurs, que le jugement pouvait être exécuté pendant 30 ans. L'arrêt de cassation du 19 août 1829 qu'on a invoqué en faveur de cette doctrine se borne à décider que l'article 1444 C. civ. est inapplicable dans l'espèce qui lui est soumise (1). D'ailleurs, il était admis dans l'ancien droit que le jugement devait, à peine de nullité, recevoir son exécution dans un délai raisonnable et tel que la femme ne pût être présumée avoir renoncé au bénéfice de la séparation.

Toutefois la nullité ne s'appliquait pas à la simple interruption de poursuites.

Sous ce rapport, et sous cet autre que l'exécution doit être faite dans un délai déterminé, il existe en-

1. Dalloz, *Rép.*, *loc. cit.*, n. 1795.

tre l'ancien droit et le droit actuel deux différences essentielles.

L'article 1444 C. civ. dit en effet : « La séparation de biens, quoique prononcée en justice, est nulle, si elle n'a point été exécutée par le paiement réel des droits et reprises de la femme, effectué par acte authentique, ou au moins par des poursuites commencées dans la quinzaine qui a suivi le jugement, et non interrompues depuis. »

Section II. — *Du délai de quinzaine pour l'exécution.*

Le délai de quinzaine, imparti par l'article 1444 C. civ. pour l'exécution du jugement, est assurément fort court ; mais, sa brièveté a l'avantage de mieux empêcher les séparations de biens frauduleuses.

Il n'a pas été prorogé à un an par l'article 872 C. pr. civ.

On avait cru pouvoir induire la solution contraire des expressions suivantes de cet article « sans qu'il soit besoin d'attendre l'expiration du dit délai d'un an » et de l'article 873 C. pr. civ. ainsi conçu :

Art. 873 C. pr. civ. : « Si les formalités prescrites au présent titre ont été observées, les créanciers du mari ne seront plus reçus après l'expiration du délai dont il s'agit dans l'article précédent à se pourvoir par tierce-opposition contre le jugement de séparation. »

« Considérant, dit la Cour de Limoges (1), que l'article 872 C. pr. civ. contient une dérogation implicite à l'article 1444 C. civ. ; que la femme peut bien, si elle le veut, commencer ses poursuites avant le délai de l'année, mais qu'elle n'est pas tenue de le faire. »

« Considérant que l'article 873 C. pr. civ. donnant le délai d'un an aux créanciers pour former tierce-opposition au jugement de séparation, il est évident que l'article précédent n'a pas voulu astreindre la femme à exécuter le jugement avant l'expiration de ce délai, parce qu'autrement les poursuites de la femme deviendraient souvent sans utilité par le succès de la tierce-opposition. »

Mais, cette interprétation qui avait l'inconvénient dans une matière aussi grave, de créer un délai tout facultatif pour la femme, en prolongeant l'incertitude des tiers, est aujourd'hui repoussée par la jurisprudence et par tous les auteurs.

Elle ne reposait d'ailleurs sur aucune raison solide.

Les dérogations à une loi formelle ne se présu-

1. Limoges, 24 décembre 1811 (D. P., 19, 2. 110). Berriat Saint-Prix, p. 673, note 15.

ment pas facilement. Et, comment admettre que le législateur, s'il avait voulu prolonger le délai de l'article 1444 C. civ., n'eût pas exprimé sa volonté d'une façon positive ? Une pareille modification eût été trop grave pour qu'elle ne devint pas l'objet d'une disposition expresse. Il est vrai que l'avant-dernier alinéa de l'article 872 C. pr. civ. manque un peu de clarté ; mais, lorsqu'il y a contrariété certaine entre deux dispositions de la loi, on doit s'attacher à faire produire à chacune d'elle les effets que le législateur lui a attribués.

Ainsi, il faut voir simplement, dans la combinaison des articles 1444 C. civ. et 872 C. pr. civ., le principe d'une simultanéité de publication et d'exécution du jugement.

L'exécution ne peut pas être commencée avant l'accomplissement des formalités de publication ; cependant, comme elle doit avoir lieu dans la quinzaine, il ne faudra pas attendre l'expiration du délai d'un an pendant lequel le jugement doit rester affiché.

Telle est la seule explication raisonnable et juridique de l'article 872 C. pr. civ.

Du reste, notre interprétation paraît conforme au vœu du législateur. La section du Tribunal avait fait observer au Conseil d'État qu'il convenait d'empêcher qu'on ne pensât que la femme dût attendre l'expiration de l'année pour commencer l'exécution. Ce fut sur cette observation que l'on ajouta les derniers mots de l'article 872 C. pr. civ. (1).

Quant à l'argument tiré de l'article 873 C. pr. civ., il n'est que spécieux.

Aucune disposition législative générale n'empêche d'exécuter les jugements susceptibles d'être attaqués par la tierce opposition avant l'expiration du délai qui est donné pour user de cette voie de recours.

L'article 873 C. pr. civ. n'est ni assez formel ni assez précis pour permettre, dans l'hypothèse spéciale dont il s'occupe, une dérogation aussi grave au droit commun.

Il a eu seulement pour but de réduire à un an le délai ordinaire pendant lequel la tierce-opposition peut être formée afin de faire cesser plus vite l'incertitude de la situation des époux en rendant leur séparation de biens inattaquable (2).

On a aussi proposé, pour résoudre la contradiction apparente que présentent dans leurs dispositions les articles 1444 C. civ. et 872 C. pr. civ., d'entendre la loi en ce sens que les deux délais de quinzaine et d'un an doivent être cumulés.

1. Locré, t. 4, p. 107.
2. En ce sens, Dalloz. *Rép.*, *loc. cit.*, n. 1708 et les auteurs et arrêts qu'il cite. Aubry et Rau, t. V, § 516, note 29, p. 307. Colmet de Santerre, t. VI, n. 92 *bis*, VI. Laurent, t. XXII, n. 251. Guillouard, t. III, n. 1132.

Mais, rien ne saurait autoriser une semblable interprétation. Aussi n'a-t-elle jamais été admise par la jurisprudence, si ce n'est par un arrêt très ancien de la cour de Riom du 13 juillet 1814 (V. Dalloz, *loc. cit.* n° 1803).

On ne pourrait pas non plus prétendre que le délai de quinzaine de l'article 1444 C. civ., s'ajoute à celui de trois mois et quarante jours, accordé à la femme commune en biens par l'article 174 C. pr. civ., pour faire inventaire et délibérer.

L'embarras où se trouve la femme pour prendre parti ne l'empêche pas de faire procéder à l'exécution du jugement de séparation de biens dans les quinze jours de son prononcé. Mais, elle doit se contenter d'exercer, pendant ce délai, ceux de ses droits qui ne sont pas subordonnés à son option et qu'elle peut faire valoir même au cas de renonciation. Par exemple, il lui est loisible de reprendre l'administration de ses biens propres, de poursuivre la communauté pour obtenir le remboursement de ses propres aliénés, ou du moins, si ses droits ne sont pas liquidés, de sommer le mari de se présenter chez un notaire pour procéder à leur liquidation.

Observons d'ailleurs que la question que nous examinons est plus théorique que pratique ; car, le plus souvent, la communauté sera évidemment mauvaise, et la femme séparée de biens n'aura rien de plus pressé que d'y renoncer (1).

Il est incontestable que l'article 1444 du Code civil, qui exige l'exécution dans la quinzaine, s'applique au cas où le jugement est par défaut aussi bien qu'au cas où il est contradictoire (2). L'article 155 C. pr. civ., aux termes duquel les jugements par défaut ne peuvent être exécutés avant l'expiration du délai de huitaine à compter de leur signification à avoué ou à partie, est inapplicable en matière de séparation de biens. S'il n'en était pas ainsi, la femme aurait la faculté de prolonger à son gré le délai de quinzaine de l'article 1444 du Code civil, en ne faisant pas signifier le jugement ; et, dès lors, il dépendrait d'elle de retarder d'une manière indéfinie l'exécution de ce jugement, ce que la loi a voulu précisément empêcher par la fixation d'un délai très court, qu'elle fait, d'ailleurs, expressément courir de la décision judiciaire qui prononce la séparation de biens et non pas de sa signification.

Cette dérogation à la règle de l'article 155 C. pr. civ., se justifie du reste par ce principe que les lois

1. Guillouard, *C. de mariage*, t. III, n. 1142. Colmet de Santerre. t. VI, n. 92 *bis*, IV. Laurent, t. XXII, n. 254.

2. Cass., 18 août 1884 (D. 85, 1, 207). Dalloz, *Rép.*, n. 1790. Aubry et Rau, t. V, p. 516, note 33, p. 308. Guillouard, t. III, n. 1141.

spéciales doivent être exécutées de préférence aux lois générales, même postérieures, lorsque celles-ci ne les ont pas abrogées.

Il est également certain que l'exécution dans la quinzaine est rigoureusement prescrite, bien que le jugement ne contienne pas la liquidation des reprises de la femme. C'est par une aberration inexplicable que la cour de Besançon a jugé le contraire (1).

De tout ce qui précède, il résulte que le délai de l'article 1444 C. civ., n'a été modifié par aucune loi postérieure, et qu'il doit être respecté dans tous les cas.

Il est cependant une hypothèse où la femme peut se trouver dans l'impossibilité de se conformer aux prescriptions de la loi.

Il faut supposer que le greffier du Tribunal refuse, soit de faire enregistrer le jugement, soit d'en délivrer la grosse.

En ce cas, la femme doit procéder comme nous l'avons dit en développant les règles de publicité du jugement : mettre le greffier en demeure de faire enregistrer le jugement, et de remettre la grosse, avec menace de le rendre responsable de la nullité qui pourrait être encourue et de ses conséquences.

1. V. Dutruc, *loc. cit.*, p. 142. *Contrà* Besançon, 30 juin 1809 (D. *loc. cit.*, n. 1800).

Section III. — *De l'exécution du jugement de séparation de biens.*

Aux termes de l'article 1444 C. civ., « la séparation de biens, quoique prononcée en justice, est nulle si elle n'a point été exécutée par le paiement réel des droits et reprises de la femme, effectué par acte authentique jusqu'à concurrence des biens du mari, ou du moins par des poursuites commencées dans la quinzaine qui a suivi le jugement, et non interrompues depuis ».

L'exécution peut donc être volontaire ou forcée.

§ 1. — *De l'exécution volontaire.*

Bien loin de proscrire l'exécution volontaire de la séparation de biens prononcée par jugement, le Code civil l'autorise par l'article 1595 qui fait exception à la nullité des ventes entre époux dans le cas où le mari cède des biens à sa femme séparée judiciairement de biens d'avec lui en paiement de ses droits.

Les époux ne sont plus suspects, lorsqu'ils obéissent à une décision judiciaire rendue en connaissance de cause ; ils peuvent donc régler amiablement leurs intérêts pécuniaires.

Il suffit qu'ils se conforment aux prescriptions de l'article 1444 C. civ., c'est-à-dire que l'exécution volontaire consiste dans le paiement réel des droits de la femme, effectué par acte authentique, et dans la quinzaine qui a suivi le jugement.

Rien d'ailleurs n'empêcherait que l'exécution n'eût lieu d'une manière amiable que sur un point, pourvu que la femme commençât en temps utile des poursuites à l'égard du reste.

Il faut bien se garder de confondre l'exécution spontanée du jugement avec la séparation de biens volontaire qui serait le résultat d'une entente entre les époux et tomberait dès lors sous l'application de l'article 1443 *in fine* C. civ. (1)

L'article 1444 C civ., exige formellement un acte authentique pour constater le paiement.

Un acte sous seing privé ne saurait donc être suffisant dans aucun cas.

Troplong prétend que ce serait pousser la rigueur à l'excès que d'entendre ainsi l'article 1444, et se contente même d'un acte sous seing privé non enregistré.

Cet auteur cite en l'approuvant un arrêt de la Cour de cassation du 23 août 1825 qui décide que, lorsqu'il y a exécution de la part du mari d'un juge-

1. V. *suprà*. Chap. I.

ment de séparation de biens, ce jugement peut être déclaré valable, même à l'égard d'un tiers acquéreur du mari, encore qu'il ne soit pas déclaré que cette exécution a eu lieu dans la quinzaine, et que l'acte duquel on la fait résulter ne soit pas authentique, et n'ait pas été rendu public ; que, du moins, l'arrêt qui, dans ce cas, constate en fait qu'il y a eu exécution du jugement de séparation de biens échappe à la censure de la Cour de cassation.

On a peine à comprendre cette décision de la Cour suprême, tant l'article 1444 est précis.

Sans doute, il ne faut pas se montrer trop méticuleux et trop exigeant quand la loi ne s'exprime pas en termes formels ; mais, rien ne saurait autoriser la violation d'une prescription positive du législateur, surtout dans une matière où la mauvaise foi est toujours à craindre, où il est même permis de la présumer.

Du reste, ce n'était pas trop d'exiger que l'exécution de la séparation de biens fût constatée par acte authentique ; car, en pareil cas, les actes authentiques sont eux-mêmes souvent impuissants à exclure la fraude.

Enfin, la femme ne peut pas raisonnablement se plaindre ; il ne sera pas plus difficile pour elle d'obtenir la liquidation par acte authentique que par acte sous seing privé. N'a-t-elle pas, d'ailleurs, un moyen certain de vaincre la résistance de son mari ; qu'elle dirige contre lui les poursuites prescrites par la loi ; elle ne reculera pas devant cette nécessité si sa demande a été sérieuse (1).

Pour valoir exécution du jugement de séparation de biens, le paiement des droits et reprises de la femme doit être effectué, dit l'article 1444 C. civ., jusqu'à concurrence des biens du mari.

La cession de tout le mobilier n'est donc pas suffisante s'il est constant que le mari possède des immeubles (2).

Il n'y a pas non plus exécution du jugement au cas où la femme, au lieu d'épuiser les biens du mari,

1. Rouen, 31 janvier 1863 (D. 63, 2, 75). Bordeaux, 7 novembre 1877 (Dalloz, *supp.*, p. 117, en note). Dalloz. *rép.* n. 1809, Dutruc, *loc. cit.*, n. 187. Aubry et Rau, t. V, § 516, note 31, p. 397. Laurent, t. XXII, n. 254. Guillouard n. 1136. *Contrà* : Req., 23 août 1825 (Dalloz, *rép.*, v° vente n. 430.

Mais il ne faut pas ajouter aux exigences de la loi qui veut un acte authentique et non spécialement un acte notarié. Le paiement est donc valablement constaté par la quittance de l'huissier sur le commandement signifié au mari, ou par un procès-verbal de réception de deniers spécial émanant de cet officier ministériel. Req., 12 août 1847 (D. 47, 1, 822). Laurent, t. XXII, n. 253. Guillouard, n. 1133. *Contrà*, Dutruc, *loc. cit.*, n. 190.

2. Colmar, 30 décembre 1838 (D. *loc. cit.*, n. 1811). Paris, 27 décembre 1871 (D. 78, 5, 414). Laurent, t. XXII, n. 256. Guillouard, *loc. cit.*, n. 1135.

le laisse dépositaire du gage garantissant le paiement de sa dot. Une semblable tolérance démontre que la séparation de biens a été provoquée dans le seul but de soustraire les biens du mari aux exécutions de ses créanciers.

De même, lorsque les époux, après avoir liquidé les droits de la femme et affecté des valeurs au remboursement de sa constitution dotale, stipulent que, pour le surplus, la femme s'en fera payer quand elle voudra.

D'ailleurs, il n'est pas indispensable qu'elle reçoive le paiement intégral de sa créance avant l'expiration du délai de quinzaine ; il suffit sans doute que le paiement soit commencé dans ce délai : la loi n'a pas voulu l'impossible ; et, l'on comprend que les facultés du mari séparé de biens lui permettront fort rarement d'acquitter les reprises de la femme. Le seul but de l'article 1444 C. civ., est d'empêcher que la séparation de biens ne soit, de la part des époux, un jeu sous lequel se cache la fraude. Mais, quand la séparation de biens a reçu un commencement de sérieuse exécution, qu'importe que la femme ne soit pas immédiatement remplie de tous ses droits ? Un concert frauduleux n'est plus présumable. Le paiement d'un à-compte sur les reprises de la femme est même inconciliable avec la continuation de la communauté. Il prouve donc que la demande en séparation de biens n'a pas été un faux semblant. Il n'en serait autrement que si le mari avait remis à sa femme un à-compte dérisoire.

La disposition de l'article 1444 du Code civil *in fine* ne s'applique, il est vrai, qu'au cas d'exécution forcée poursuivie par la femme ; mais, la raison de décider est la même ; dans les deux hypothèses, l'exécution a été sérieuse et assez prompte pour écarter tout soupçon de fraude de la part des époux ; le vœu de la loi est donc rempli (1).

Il faut même dire qu'il y aurait exécution suffisante de la séparation de biens, si, la liquidation ayant eu lieu dans la quinzaine, il avait été accordé au mari, pour le paiement des reprises, un délai modéré et justifié d'ailleurs par les circonstances.

§ 2. — *De l'exécution forcée.*

Lorsque le mari ne consent pas à exécuter amiablement la séparation de biens, la femme est dans l'impossibilité, pour se procurer l'acte authentique exigé par l'article 1444 C. civ., d'établir ses droits

1. Carré et Chauveau, *loc. cit.*, *quest.*, 2050 *ter*. Troplong, *loc. cit.*, n. 1301. Aubry et Rau. t. 5, § 516, p. 307, texte et note 38. Guillouard, t. 3, n. 1435. Trib. civ. de Cahors (*Pand. Chr.* 80, II, 255). Cass., 3 février 1834 (S. 34, 1, 98).

devant un notaire, qui, en l'absence du mari, ne saurait dresser un acte obligatoire pour ce dernier. Elle est obligée de diriger contre lui les poursuites dont nous allons nous occuper.

La loi se borne à dire, sur ce second mode d'exécution de la séparation de biens, qu'il consiste en des poursuites commencées dans la quinzaine qui a suivi le jugement, et non interrompues depuis (art. 1444 C. civ., *in fine*).

Une énumération eût été trop longue et eût couru le risque de contenir des omissions ; mais, il est regrettable que le législateur n'ait pas fourni, sur la nature des poursuites, des indications qui eussent servi de guide aux interprètes. Son silence a donné naissance à de nombreuses controverses.

Nous n'admettons pas, d'une manière absolue (1), que toute latitude soit laissée aux tribunaux pour apprécier les actes valant exécution complète ou seulement commencement d'exécution du jugement de séparation de biens. Il ne faut pas oublier, et les juges devront tenir compte de cette idée, que le vœu de la loi est que la femme exécute promptement la décision qu'elle a obtenue, et que, si elle ne peut le

1. Voir Cass., 18 août 1884 (S., 88, 1, 207. D. 85, 1, 207). Massé et Vergé sur Zachariæ, t. IV, p. 142. § 640. Aubry et Rau, t. V, § 516, p. 308, texte et note 36. Laurent. t. XXII. n. 255.

faire dans le délai de l'art. 1444, elle montre, par des actes énergiques, que sa séparation de biens est sérieuse, et qu'elle tient à profiter des avantages que la loi y attache.

C'est cette idée qui inspirera les solutions que nous donnerons dans la suite.

Selon nous, les poursuites qui emportent exécution du jugement peuvent être classées en trois catégories, et tendre à la liquidation des reprises de la femme, à leur paiement, ou à l'acquittement des frais du procès.

1. — *Des poursuites tendant à la liquidation des reprises.* — La liquidation des reprises de la femme ne précède plus la séparation de biens.

Dans la plupart des provinces de l'ancienne France, il en était autrement.

Un premier jugement ordonnait l'inventaire et la liquidation des apports de la femme, et, s'il y avait lieu, de la communauté. Une seconde décision judiciaire intervenait qui prononçait la séparation de biens.

En Alsace, une pratique contraire était en vigueur. Le jugement qui accordait la séparation de biens ordonnait qu'elle serait suivie de l'inventaire et de la liquidation des droits de la femme.

C'est encore la procédure qui est actuellement suivie.

La plupart du temps, la femme conclut à la fois à la séparation de biens, et, par voie de conséquence, à la liquidation de ses reprises, et, s'il a lieu, de la communauté qui a pu exister entre les époux.

Le jugement, qui lui adjuge les conclusions de sa demande principale, ordonne aussi la liquidation, et commet un juge et un notaire pour y procéder.

La femme remet alors au notaire toutes les pièces et lui donne tous les renseignements, qui peuvent lui servir à la rédaction de son travail.

Une fois l'état liquidatif dressé, le mari et les autres personnes qui ont été parties au procès, créanciers ou syndics, reçoivent sommation d'en prendre communication à l'étude du notaire, et de l'approuver, ou le contester.

Cette mise en demeure, régulièrement signifiée dans le délai de quinzaine de l'article 1444 C. civ., constitue-t-elle un acte de poursuite valant commencement d'exécution du jugement de séparation de biens ?

Nous le pensons. On ne peut méconnaître que la sommation de prendre communication de la liquidation dressée dans la quinzaine a pour but direct et principal l'exécution du jugement, et que, dès lors, elle paraît satisfaire au vœu de la loi.

Il reste, d'ailleurs, évident que la femme ne devra pas s'en tenir là, et que, si le mari ne répond pas à l'intimation qui lui a été faite, ou s'il conteste le travail du notaire, elle sera dans l'obligation d'en poursuivre sans retard l'homologation devant le tribunal.

En pratique, à Paris notamment, il est très rare que l'état liquidatif soit dressé dans la quinzaine du jugement de séparation de biens. Ce délai est trop court pour que le notaire puisse préparer un tel travail dont l'importance et la difficulté sont souvent considérables. Aussi se contente-t-il de rédiger dans le délai de l'article 1444 C. civ. un procès-verbal d'ouverture de liquidation, à la lecture duquel le mari reçoit sommation d'assister.

Selon nous, ce n'est pas là un commencement d'exécution suffisant. En faisant dresser un acte qui indique seulement son intention de faire procéder à la liquidation de ses reprises, la femme ne nous paraît pas se conformer au désir de la loi. Un procès-verbal d'ouverture de liquidation ne saurait équivaloir à de véritables poursuites pas plus d'ailleurs que la sommation d'y assister (1).

Si nous admettons une autre solution au cas où la liquidation est effectivement dressée dans le dé-

---

1. Req., 18 février 1852 (D. 52. 1. 241).

lai de la loi, en voici la raison : c'est qu'alors, nous semble-t-il, la bonne foi de la femme, qui a fait établir immédiatement ses droits et paraît disposée à le faire valoir, ne peut être suspectée. Ici, il n'en est pas de même. Nous nous trouvons en présence d'un acte dans lequel la femme se borne à manifester sa volonté de faire dresser la liquidation de ses reprises. Rien ne fait prévoir qu'elle mettra son idée à exécution. Comment pourrions-nous en tenir compte dans une matière où la fraude est toujours présumable ? Dans la première hypothèse, nous avons devant nous des faits tangibles dont la signification ne saurait faire de doute ; dans la seconde, l'affirmation d'une volonté qui peut changer. C'est ce qui explique la différence de nos solutions.

Que si, par omission, ou pour ne pas statuer *ultra petita*, le jugement de séparation de biens n'a pas ordonné la liquidation des reprises, la femme ne pourrait pas davantage se prévaloir comme valant commencement d'exécution d'une assignation tendant à cette fin qu'elle ferait délivrer dans la quinzaine.

Elle devait demander la liquidation au tribunal et veiller à ce qu'elle lui soit accordée. Si elle ne l'a pas fait, elle doit, pour bien prouver que l'instance qu'elle a engagée était sérieuse, diriger contre son

mari des poursuites en paiement des frais du procès
que nous allons étudier.

II. — *Des poursuites tendant au paiement des reprises ou des frais du procès.* — Il peut se faire que, durant l'instance, la femme ait fait apposer les scellés
au domicile de son mari en vertu d'une ordonnance
du Président du tribunal et dresser un inventaire
des meubles et un état des immeubles composant
leurs patrimoines respectifs. Si la situation est peu
compliquée, et si tous les renseignements utiles sont
fournis au tribunal, rien ne s'oppose à ce que le jugement qui prononce la séparation de biens contienne aussi la liquidation des droits de la femme.

Il est possible aussi qu'un compromis authentique intervienne entre les époux dans la quinzaine
du jugement sur le règlement de leurs intérêts pécuniaires. La loi ne défend pas aux époux séparés
de biens de terminer leurs contestations par la voie
de l'arbitrage.

Dans ces cas, qui, nous le reconnaissons, se présentent très rarement, la femme a la latitude de
poursuivre son mari en paiement de ses reprises
dans la quinzaine du jugement.

La plupart du temps, il n'en est pas ainsi. Les
droits de la femme ne peuvent être liquidés, leur
recouvrement opéré, dans le délai fixé par l'art. 1444

C. civ. La femme, si d'ailleurs elle n'a pu se procurer l'acte authentique dont parle la loi, est obligée de diriger contre son mari des poursuites en paiement des frais du procès. C'est même le seul moyen qui soit à sa disposition pour éviter la nullité du jugement faute d'exécution. Les tribunaux l'ont bien compris. Aussi, bien que, l'affaire étant ordinaire, ils ne soient pas tenus de taxer les dépens auxquels ils condamnent le mari dans la décision même qui prononce la séparation de biens, ils ne manquent jamais de les liquider provisoirement à une somme généralement de beaucoup inférieure au chiffre réel. La femme, en possession d'un titre exécutoire portant une condamnation liquide et exigible, peut dès lors poursuivre le mari sans aucun retard.

Le moment est venu d'indiquer les actes tendant soit au paiement des reprises soit à celui des dépens qui constituent un commencement d'exécution dans le sens de la loi.

Et d'abord, que penser de la signification du jugement ?

Cette question a partagé assez longtemps les tribunaux et les auteurs ; mais, on peut dire que la négative a définitivement prévalu (1).

1. Dans le sens de la négative, Limoges, 11 juillet 1830 (S., 40, 2, 17). Rouen, 31 janvier 1863 (S., 63, 2, 126) Toullier, t. 13, n. 77. Battur, *Communauté*, t. II, n. 642. Benoît

La brièveté du délai est à proprement parler le seul argument de l'opinion contraire.

Mais, devant quelles objections décisives cet argument ne vient-il pas se briser ? Il n'est pas douteux que, dans le délai de quinzaine, la femme peut fort bien signifier le jugement et commencer ensuite des exécutions. Elle devra certainement se hâter, mais pourquoi userait-on de ménagements envers elle ? Ne faut-il pas la contraindre à prouver, par la célérité des poursuites, que sa dot était vraiment en péril dans les mains de son mari, et qu'elle s'est fait sérieusement séparer de biens ? N'est-ce pas d'ailleurs dans le vœu de la loi ? Or, nous le demandons, la simple signification du jugement accompagnée d'une interpellation purement de style est-elle de nature à révéler l'intention de la femme de poursuivre franchement l'exécution de la sentence qu'elle a obtenue. Cette signification n'est qu'un acte préparatoire à l'exécution ; elle peut même avoir pour unique objet de faire courir le délai d'appel. Attribuer à un pareil acte la portée d'un commencement de poursuites, ce serait faciliter et encourager les abus que l'art. 1444 a voulu précisément empêcher.

Dot, t. 1, n. 311. Carré et Chauveau, *Quest.*, n. 2052. Troplong, n. 1363. Bioche, *Sép. de biens*, n. 78. Dutruc, *Sép. de biens*, n. 195. Laurent, t. XXII, n. 257. Aubry et Rau, t. V, § 516, p. 308, notes 34 et 35.

Nous dirons, cependant, avec Troplong, que, s'il résultait des circonstances que la femme ne pouvait faire utilement aucun autre acte contre le mari, par exemple, parce qu'il était en faillite ou en liquidation judiciaire et qu'il n'y avait pas possibilité de poursuivre la vente de ses biens précédemment saisis, il ne faudrait pas lui faire un reproche de s'être contentée pour le moment de ce premier acte. Toutefois, en pareille hypothèse, elle devrait, dans le même exploit, faire commandement pour qu'on ne puisse pas se méprendre sur le but et la portée de la signification, et produire, dans le délai de quinzaine, soit à la faillite ou à la liquidation judiciaire, soit à l'ordre ouvert sur le prix des immeubles de son mari.

La seule production sans signification commandement ne nous paraîtrait pas suffisante. Il est vrai que, si le mari est en faillite ou en liquidation judiciaire, ou si un ordre est ouvert sur le prix de ses immeubles, qui par hypothèse composent à eux seuls son patrimoine, la femme est bien obligée de suivre le sort des autres créanciers, et d'attendre la clôture de l'ordre ou celle des opérations de la faillite ou de la liquidation judiciaire avant de pouvoir obtenir le paiement de ses reprises. Aussi certains auteurs ont-ils décidé que, dans ces cas, elle était dispensée de toute poursuite et pouvait se contenter d'une production.

Nous ne partageons pas cette doctrine. Rien ne s'oppose à ce que, dans la quinzaine, la femme fasse une signification commandement au mari et aux syndics ou liquidateurs, s'il y a lieu. Pourquoi la dispenser d'un acte qui témoignera de la sincérité de la séparation de biens.

Il est évident qu'au cas de faillite ou de liquidation judiciaire la femme ne pourrait s'excuser du défaut de poursuites contre les syndics ou liquidaen se basant sur ce fait qu'ils n'auraient pas accepté leur mission. C'est à elle à faire toutes diligences pour régulariser la procédure.

Quid d'une saisie-arrêt pratiquée par la femme entre les mains d'un débiteur du mari ? Il est bien certain qu'au début la saisie-arrêt est une mesure purement conservatoire, et que sa nature ne change, suivant l'opinion générale, que lorsqu'elle est validée. Il ne suffirait donc pas que l'assignation en validité fût délivrée dans la quinzaine. Cet acte ne saurait valoir comme commencement d'exécution de la séparation de biens. Rien ne prouve en effet que la saisie-arrêt sera validée : elle peut ne pas être sérieuse, ce doute empêche de considérer l'assignation en validité comme ayant le caractère d'un véritable acte de poursuite.

Il en serait autrement du jugement qui validerait la saisie-arrêt dans le délai de l'art. 1444. Il faudrait, selon nous, s'en contenter, et y voir un commencement d'exécution.

Il est à peine besoin de dire que la publicité du jugement ne saurait avoir une telle valeur. Les actes qui ont pour but de porter la séparation de biens à la connaissance des tiers ne peuvent en aucune façon être regardés comme des actes d'exécution.

La solution serait la même pour la citation en conciliation, même si elle est suivie dans le mois d'une demande en justice. Remarquons que, dans notre hypothèse, le préliminaire de conciliation n'est pas exigé. Puisqu'il s'agit d'exécuter une décision précédemment rendue, il ne saurait y avoir de demande principale introductive d'instance, telle que la suppose l'art. 48 C. pr. civ. L'autorisation que la femme a reçue de former sa demande en séparation de biens sans essai de conciliation s'applique nécessairement à toutes les suites de cette demande. Par suite, la citation en conciliation qu'elle ferait délivrer serait tout à fait inutile. D'ailleurs, elle n'a pas par elle-même la nature et le caractère d'un acte de poursuite. On ne devrait donc en tenir aucun compte dans notre hypothèse.

Par contre, le commandement de payer donné au mari dans la quinzaine du jugement vaut certainement commencement d'exécution. Cet acte est, en effet, le préliminaire obligé de la saisie, et ne laisse pas de doute sur l'intention de celui qui le fait signifier (1).

La question ferait encore moins de difficulté si la femme avait fait saisir les meubles du mari, ou dresser un procès-verbal soit de carence soit de réception de deniers.

III. — *De la non interruption des poursuites.* — Les poursuites valant commencement d'exécution ne doivent pas être interrompues (art. 1444 *in fine* C. civ.). Autrement, l'effet qu'elles ont produit tomberait. — Cette disposition est essentiellement juste.

Les retards, que la femme apporterait aux poursuites qu'elle a ébauchées, feraient douter de sa bonne foi et empêcheraient de reconnaître aux actes qu'elle a déjà faits le caractère et la portée d'un commencement d'exécution.

Par conséquent, la femme, qui n'a pu obtenir de son mari l'approbation de la liquidation qu'elle a fait dresser dans la quinzaine du jugement, doit en poursuivre sans retard l'homologation devant le tribunal.

Si elle a été à même de se procurer dans le délai

1. Trib. civ. Seine, 25 novembre 1889 (*Gaz. Pal.*, 90, 1, 215).

de l'art. 1444 un titre exécutoire pour le montant de ses reprises, elle est tenue d'en continuer le recouvrement avec toute la célérité désirable.

Au cas enfin où elle a dû se borner à demander à son mari le paiement des frais du procès, elle est obligée, pour satisfaire à la loi, de mener rapidement les poursuites commencées à bonne fin. De plus, dans cette hypothèse, elle doit presser la liquidation de ses reprises pour en exiger très vite le remboursement.

L'art. 1444 C. civ., est muet sur les faits d'interruption comme sur les actes valant commencement d'exécution.

Il n'y a donc pas non plus de règle précise à poser.

Ici encore, nous ne donnerons que sous réserves l'appréciation souveraine des faits constitutifs de l'interruption aux Tribunaux. Ils ne doivent pas oublier qu'en matière de séparation de biens, la mauvaise foi est naturellement présumable, et que la simple négligence peut le plus souvent faire supposer de la part de la femme une renonciation au bénéfice du jugement qu'elle a obtenu. Par suite, ils sont dans l'obligation d'admettre très facilement l'interruption des poursuites (1).

1. V. Rodière et Pont, *C. de mar.*, n. 2157. Marcadé, sur l'art. 1444, n. 3. Aubry et Rau, t. V. § 516, p. 308, note 36. Colmet de Santerre, t. VI, n. 92 *bis*, VII. Guillouard, t. III, n. 1140. Comp. Caen, 2 décembre 1851 (S., 52, 2, 290). Angers, 5

La Cour de cassation nous paraît avoir méconnu l'esprit de la loi, et perdu de vue la protection due aux créanciers du mari, en décidant, par exemple, qu'il n'y avait pas eu interruption de nature à entraîner la nullité du jugement dans le cas où les poursuites s'étaient bornées à un commandement signifié dans la quinzaine, et suivi cinq mois après d'un procès-verbal de carence, et dans une espèce où les exécutions avaient été suspendues pendant onze mois et vingt-quatre jours (1).

La suspension des poursuites n'est excusable que dans l'hypothèse où elles n'ont aucune chance d'aboutir, si le mari, tombé en déconfiture, en faillite, ou en liquidation judiciaire, est dans l'impossibilité, d'ailleurs constatée par un carence, de se libérer vis-à-vis de la femme (2).

On ne saurait, toutefois, faire grief à la femme d'abandonner momentanément les poursuites contre son mari, si elle plaidait ensuite contre l'un de ses créanciers.

janvier 1877 (D., 77, 2, 174). Cass., 26 juin 1878 (S., 79, 1, 176); 18 août 1884 (D., 85, 1, 207).

1. Cass., 6 décembre 1830 (D. 31, 1, 16); 2 mai 1831 (D. 31, 1, 182). *Adde.* Cass., 18 août 1884 (D. 85, 1, 207). En notre sens : Nancy, 25 juin 1891 (*Gas. Pal.*, 91, 2, 174).

2. Rennes, 15 mars 1862 (D. 63, 5, 338). Angers, 5 janvier 1877 (D. 77, 2, 174). Req., 20 juin 1878 (D. 79, 1, 80).

Nous approuvons donc avec les auteurs un arrêt de la Cour de cassation du 23 mars 1819 (D. 19. 1. 363), par lequel la Cour suprême a jugé qu'il n'y avait pas eu interruption de poursuites dans le sens de la loi, par cela seul que la femme avait cessé d'agir directement contre son mari pour intervenir dans une instance pendante entre lui et l'un de ses créanciers qui avait fait saisir ses immeubles. Ce qui justifie, selon nous, la solution de la Cour de cassation, c'est que, dans l'espèce qui lui était soumise, la femme avait agi en présence de son mari, et, en réalité, contre lui, puisqu'il figurait au procès comme partie saisie. Il en aurait été autrement, si la femme se fût contentée, par exemple, d'actionner un tiers détenteur, en l'absence de son mari, pour obtenir le délaissement d'un immeuble dont elle aurait voulu se prévaloir pour le paiement de ses droits. Peu aurait importé que le mari n'ait pas d'autres biens. La femme serait censée avoir interrompu ses poursuites contre lui si elle ne les complétait pas par un procès-verbal de carence, c'est-à-dire par un acte qui pût apprendre à la justice qu'elle n'a d'autre ressource pour se faire payer de ses droits que l'action contre le tiers détenteur. Il est, en effet, dans le vœu de la loi que la femme épuise d'abord tous les moyens du mari avant de s'adresser à des tiers qui seraient détenteurs de ses biens ou ses débiteurs. Elle doit montrer en poursuivant la réalisation des ressources actuelles de son mari qu'il n'existe pas de concert frauduleux entre elle et lui (1).

IV. — *Des actes constitutifs de l'exécution forcée.* — L'exécution forcée du jugement de séparation de biens est complète, lorsque la femme reçoit le paiement, effectué par acte authentique, de ses droits et reprises, soit intégralement, soit à concurrence des biens de son mari (1).

Il en est ainsi au cas où elle est désintéressée, même partiellement, dans l'ordre ouvert sur le prix des immeubles de son conjoint, et au cas où elle n'obtient qu'un dividende dans la faillite, dans la liquidation judiciaire, ou dans la distribution par voie de contribution du produit de la vente du mobilier de son mari, à condition toutefois qu'elle fasse constater, si elle n'est pas intégralement payée, l'absurdité de poursuites nouvelles.

Dans l'hypothèse où le mari n'a aucuns biens, il faut considérer un procès-verbal de carence comme une exécution suffisante? A quoi bon exiger des poursuites illusoires. Le carence témoigne surabondamment de l'absence de ressources du mari et de

1. Benoît, *De la dot*, n. 313.
1. Voir ce que nous avons dit sur l'acte authentique exigé par l'article 1444 C. civ. au sujet de l'exécution volontaire.

l'intention de la femme d'exécuter le jugement de séparation de biens.

La cession de biens, faite par le mari, n'opère pas. suivant nous, une interversion de nature à dispenser la femme de toute poursuite. Il faut assimiler en quelque sorte ce cas à celui de la faillite, et décider que, malgré le dessaisissement du mari, la femme doit lui notifier une signification commandement dans la quinzaine du jugement, provoquer la vente de ses biens, et se présenter à la distribution du prix.

Que si la femme n'a ni reprises ni constitution dotale à exercer, elle nous paraît satisfaire à la loi, soit en faisant la déclaration devant notaire qu'elle n'a rien à répéter, en présence de son mari, ou lui dûment sommé ; soit en demandant au tribunal de lui donner acte de sa renonciation motivée à exercer aucun droit contre son mari (1).

Section IV. — *Sanction des règles prescrivant l'exécution du jugement.*

L'art. 1444 C. civ., prononce expressément la

1. L'avoué de la femme n'est pas responsable du défaut d'exécution du jugement de séparation de biens dans la quinzaine, s'il a remis ou offert de remettre toutes les pièces à sa cliente moyennant le paiement des frais qu'il a avancés. V. Limoges, 11 juillet 1839 (D. 40, 2, 60).

nullité de la séparation de biens qui n'a pas été exécutée par le paiement des reprises de la femme, ou au moins par des poursuites commencées dans la quinzaine qui a suivi le jugement, et non interrompues depuis.

Cette nullité n'est pas une nullité de forme. La loi l'a prononcée parce que l'inexécution ou le retard apporté dans l'exécution du jugement lui rendent suspecte la demande en séparation elle-même. « En réalité le jugement est annulé pour soupçon de fraude dans une matière où la fraude a toujours été si fréquente » (Guillouard, n° 1143).

La procédure elle-même tombe.

On a soutenu le contraire en se basant sur un argument tiré de l'art. 156 C. pr. civ. Cet article, a-t-on dit, déclare nul le jugement par défaut non exécuté dans les six mois de son obtention, sans porter atteinte à la demande originaire, ni aux procédures qui l'ont suivie. Il ne peut en être autrement dans notre hypothèse. L'art. 1444 C. civ., n'a pas dérogé expressément au droit commun. La nullité qu'il prononce ne doit donc s'appliquer qu'au jugement même qui prononce la séparation de biens.

Cette argumentation n'est que spécieuse : aussi, la doctrine qui s'appuie sur elle n'a-t-elle pas prévalu ?

En effet, l'art. 1444 C. civ. prononce la nullité, non pas du jugement, mais de la séparation de biens. Et cette expression montre bien que le législateur n'a pas seulement en vue le jugement, mais aussi toute la procédure faite pour l'obtenir.

L'art. 156 C. pr. civ., loin de contrarier notre opinion, la justifie; car, cet article parlant des jugements par défaut faute de comparaître se borne à dire qu'ils sont réputés non avenus, tandis que l'art. 1444 vise la séparation de biens même et dit en termes énergiques qu'elle est nulle.

Il est évident que la loi entend remettre les parties dans l'état où elles étaient avant la demande en séparation et par conséquent annuler cette demande et les procédures dont elle a été l'objet.

S'il en était autrement, si, n'annulant que le jugement de séparation, la loi laissait subsister les procédures antérieures et permettait à la femme d'en reprendre à son gré les errements, celle-ci pourrait, plusieurs mois, plusieurs années après, reporter, sur une simple assignation, sa demande en justice, et faire prononcer de nouveau sa séparation, dans le délai de quelques jours, à l'insu des créanciers, et souvent à leur préjudice, et rendre ainsi illusoires toutes les garanties introduites en leur faveur.

Un tel système aussi contraire au texte et à l'esprit de l'art. 1444 C. civ., et de toutes les dispositions du Code de procédure qui s'y rapportent, est évidemment inadmissible.

La nullité de l'art. 1444 C. civ., n'étant pas une nullité de procédure mais de fond, il s'en suit qu'on peut l'opposer en tout état de cause même après des défenses au fond (1).

Par le même motif, elle pourra être invoquée pendant trente ans, comme les nullités en général (2). Cette dernière solution n'est pas admise par tous les commentateurs.

Certains soutiennent que la nullité de l'art. 1444 C. civ. doit être proposée dans le délai d'un an, imparti par l'art. 873 C. pr. civ.; mais, autre chose est le droit de tierce-opposition, autre chose la nullité dont nous nous occupons. L'art. 873 C. pr. civ., n'a certainement pas eu en vue l'action spéciale créée par l'art. 1444 C. civ.

D'autres auteurs prétendent que le délai de dix ans de l'art. 1304 C. civ., est applicable dans notre hypothèse. Ils semblent oublier que l'art. 1304 n'est

1. Bordeaux, 22 janvier 1834 (S. 34, 2, 540.) Cass., 3 avril 1848 (S. 48, 1, 384). Grenoble, 23 avril 1858 (D. 59, 2, 117). Bordeaux, 7 novembre 1877 (*Pand. Chr.*). Dutruc, *loc. cit.*, p. 163, et les auteurs qu'il cite. Laurent, t. XXII, n° 257. Aubry et Rau, t. V, p. 398, § 516. Guillouard, n. 1144.

2. Aubry et Rau, t. V, § 516, texte et note 40 et 41, p. 400, Guillouard, *loc. cit.*, n. 1145.

relatif qu'aux demandes en rescision ou nullité des conventions et qu'il doit être entendu restrictivement.

D'autres enfin enseignent que le jugement de séparation, qui n'a pas été exécuté, ou qui ne l'a pas été utilement, est réputé non avenu, inexistant, et que, par conséquent, la nullité peut en être proposée même après dix ou trente ans. C'est ainsi, disent-ils, que l'on entend l'art. 66 C. de co., d'après lequel lorsqu'un jugement, prononçant la séparation de corps entre deux époux dont l'un est commerçant, n'est pas revêtu des formalités prescrites par l'art 872 C. pr. civ., les créanciers sont toujours admis à s'y opposer.

Cette doctrine n'est pas plus soutenable que les précédentes.

Pour n'avoir pas été suivi d'exécution, le jugement de séparation n'en existe pas moins. La nullité qui le frappe n'est même pas une nullité d'ordre public. Elle a été créée dans le seul but d'empêcher la fraude des époux, et de garantir les intérêts privés, purement pécuniaires des créanciers du mari. Comment serait-elle une nullité opérant de plein droit sans intervention du juge ? Il faut bien se garder de la confondre avec la nullité de la séparation de biens volontaire.

On doit donc reconnaître que la nullité de l'art. 1444 C. civ., doit être proposée dans le délai de trente ans. Elle ne pourrait pas être opposée par voie d'exception après l'expiration de ce laps de temps, la maxime romaine « *quæ temporalia ad agendum, perpetuenda sunt ad excipiendum* » n'ayant été introduite dans notre droit par aucun texte (1).

Nous avons dit que le législateur avait eu en vue l'intérêt des créanciers du mari en créant l'action en nullité de l'art. 1444 C. civ.

Nul doute qu'ils puissent se prévaloir d'une mesure qui a été édictée en leur faveur.

Est-ce à dire qu'ils auront tous ce droit ?

Nous ne le croyons pas. Une distinction nous semble nécessaire.

Il est sans difficulté que les créanciers du mari dont le titre est antérieur au jugement qui prononce la séparation de biens peuvent invoquer la nulllité dont s'agit. Il est également certain que, s'ils avaient concouru aux actes d'exécution tardive, ils seraient non recevables à s'en plaindre. *Volenti non fit injuria.* Comme le dit Troplong, la loi, qui n'a parlé que dans leur intérêt, n'a cependant pas la prétention de connaître cet intérêt mieux qu'eux-mêmes.

Quant aux créanciers du mari dont le titre est postérieur à la séparation de biens, ils ne peuvent, se-

1. Caen, 16 janvier 1846 (D. 54, 5, 686). Dalloz, *rép.*, n. 1807. Aubry et Rau, t. V, § 516, note 41, p. 400. Guillouard, n. 1145.

lon nous, invoquer la nullité édictée par l'article 1444 C. civ. (1).

Cette solution toutefois est controversée.

Certains commentateurs la repoussent. Personne, disent-ils, ne peut se faire un titre de sa fraude ; or, du moment où le jugement de séparation de biens n'a pas été exécuté, les époux ont commis une fraude, et ils ne peuvent se faire une arme contre personne du jugement qu'ils ont obtenu, pas même contre les créanciers postérieurs : ceux-ci ont intérêt, et, par suite, qualité pour se prévaloir de la nullité que nous étudions.

Sans doute, nul ne peut se faire un titre de sa propre fraude ; mais, il ne peut y avoir fraude de la part des époux contre des créanciers dont le titre n'est pas né. La femme, en laissant passer le délai de l'art. 1444 C. civ., sans s'y conformer, n'a donc pu songer à leur nuire.

« Attendu, dit avec raison la Cour de cassation, (arrêt du 1er juillet 1863. D. 64, 1, 66), que la nullité (de l'art. 1444 C. civ.,) n'est fondée que sur la présomption de collusion frauduleuse entre les époux, ou de renonciation de la femme au bénéfice du ju-

______

1. Il est sans difficulté qu'ils peuvent proposer la nullité du jugement pour défaut de publicité. Sur notre question, v. Guillouard, t. III, n. 1146. *Contrà*. Rodière et Pont, t. III, n. 2159. Aubry et Rau, t. V, § 516.

gement de séparation ; qu'on ne saurait présumer l'intention de fraude à l'égard de droits non existants, ni de renonciation au profit de droits nés postérieurement à l'exécution effective de la séparation ».

Nous refusons donc aux créanciers postérieurs le droit de proposer la nullité. Il est cependant une hypothèse où nous croyons devoir apporter une exception à notre doctrine.

C'est dans le cas où le mari néglige d'user du droit que nous allons lui reconnaître d'invoquer la nullité. Il est certain que les créanciers du mari, même postérieurs à la séparation de biens, peuvent, en vertu de l'article 1166 du Code civil, exercer en son nom ce droit qui est essentiellement pécuniaire.

La question de savoir si le mari doit être admis à se prévaloir de l'article 1444 du Code civil, question que nous venons de résoudre par avance dans le sens de l'affirmative, n'est plus guère controversée (1).

La seule objection qu'on puisse faire à notre sys-

1. Dalloz, *Rép.*, n. 1851. Rodière et Pont, 2ᵉ édit., t. III, n. 2150. Aubry et Rau, t. V, § 516, note 37, p. 399. Laurent, t. XXII, n. 261. De Folleville, t. I, n. 420 *bis*. Guillouard, *loc. cit.*, n. 1148. *Contrà*, Carré et Chauveau, *Lois de la procédure*, quest. 2057 *bis*. Dutruc, *loc. cit.*, n. 227 et suiv.

fème est que le défaut d'exécution fait supposer une entente frauduleuse entre les époux, et que, dès lors, il n'est pas de nature à donner naissance à une action en nullité au profit du mari.

Cette objection est évidemment sérieuse ; mais elle vient se briser devant le texte de l'article 1444 C. civ., qui dispose, sans faire la moindre distinction, que la séparation de biens non exécutée est nulle. C'était, d'ailleurs, la solution de l'ancien droit dont l'autorité est considérable dans une matière toute traditionnelle comme la nôtre. Duplessis (sur l'art. 224 de la C. de Paris) disait en effet « la séparation (non exécutée) est nulle tant à l'égard des créanciers qu'à l'égard des conjoints ».

Du reste, le mari ne peut-il pas soutenir que le défaut d'exécution de la part de la femme emporte renonciation par celle-ci au jugement de séparation de biens, et que, dans tous les cas, il ne saurait être tenu de rester indéfiniment à la merci de son épouse qui serait libre d'exécuter ou non la décision judiciaire qu'elle a obtenue.

Il n'est déchu de son droit d'invoquer la nullité que s'il est constant que le défaut d'exécution est le résultat d'une entente frauduleuse entre les époux.

Les arguments tirés de l'ancien droit et de la généralité de l'article 1444 du Code civil que nous venons d'indiquer nous décident à reconnaitre à la femme, comme au mari, le droit de provoquer la nullité de la séparation de biens faute d'exécution (1).

Il n'y a pas à rechercher ici en faveur de qui la nullité a été créée. L'article 1444 emploie les termes les plus généraux qui nous permettent de considérer la nullité qu'il édicte comme une nullité absolue. Dès lors, tout intéressé, même la femme, doit pouvoir la proposer.

Nous savons bien qu'on peut nous objecter qu'il est exorbitant de laisser la femme se prévaloir d'une nullité qui provient de son fait ; mais, lorsqu'une nullité est absolue, n'est-elle pas opposable par tous les intéressés, même par ceux par le fait desquels elle existe ?

Toutefois, nous apportons, avec MM. Aubry et Rau et M. Guillouard, une restriction au droit que nous reconnaissons à la femme. Elle ne pourra plus se prévaloir de la nullité dont il s'agit si les faits démontrent qu'elle y a renoncé. Cette nullité ne touche en rien à l'ordre public, ainsi que nous l'éta-

1. La question est très délicate et a fait varier MM. Aubry et Rau. En notre sens, Dalloz, *Rép. loc. cit.*, n. 1854. Rodière et Pont, *loc. cit.*, n. 2159. Aubry et Rau, t. V, § 516, note 38, p. 309. De Folleville, *loc. cit.* Guillouard, n. 1140. *Contrà.* Laurent, t. XXII, n. 262.

blirons plus loin : les intéressés peuvent donc y renoncer ; et, cette renonciation sera facilement admise de a part de la femme qui est le plus souvent beaucoup plus intéressée à invoquer la séparation de biens qu'à en demander le nullité (1).

Le moment est venu maintenant de nous demander si la nullité créée par l'article 1444 du Code civil peut être invoquée par les époux contre les tiers?

Les auteurs sont très divisés sur ce point.

Quelques-uns distinguent, avec Troplong, entre l'hypothèse où le jugement de séparation de biens a été exécuté, mais tardivement, et celle où il n'a reçu aucune exécution. Dans le premier cas, ils refusent aux époux le droit d'opposer aux tiers la nullité de l'article 1444 du Code civil. Ils se fondent sur ce motif que l'exécution consiste dans des faits publics et notoires, et qu'admettre la nullité dans de semblables conditions, ce serait favoriser la fraude et la collusion, rendre les tiers victimes d'une confiance presque nécessaire et imputable aux époux eux-mêmes. Dans le second cas, au contraire, les mêmes auteurs reconnaissent au mari et à la femme séparés de biens le droit d'invoquer la nullité de leur séparation contre les tiers. Ceux-ci, disent-ils, n'ont pas à se plaindre : ils devaient, avant de traiter,

1. Aubry et Rau et Guillouard, *loc. cit.*

avec les époux se faire représenter les actes d'exécution ; s'ils ne l'ont pas fait, ils sont censés avoir su
qu'il en existait pas (1).

Cette doctrine est inadmissible. Aucun texte ne
permet de faire la distinction proposée par Troplong.
Et puis, les actes d'exécution ne sont ni publics,
ni notoires. Si, d'ailleurs, les tiers en ont eu connaissance, ils devaient voir qu'ils étaient tardifs. Nous
ne voyons donc pas en quoi ils sont plus coupables
de négligence dans le second cas que dans le premier.

Ces raisons ont fait abandonner la doctrine que
nous venons de combattre.

Trois autres systèmes sont en présence.

Le premier refuse aux époux le droit d'opposer
aux tiers la nullité dont nous nous occupons. Nul
ne peut, dit-on à l'appui de ce système, se faire un
titre de sa fraude : or, quand le jugement n'a pas
été exécuté, il y a nécessairement fraude de la part
des époux, même si, de bonne foi d'abord, ils
ont ensuite changé de pensée et voulu détruire le
jugement ; car, alors, ils devaient l'anéantir express-
sement, et de la manière indiquée dans l'article
1451 du Code civil, pour que les tiers ne puissent
pas se méprendre sur leurs intentions.

1. Troplong, n. 1373.

Les termes généraux de la loi engagent MM. Aubry et Rau à soutenir un second système et à reconnaître au mari le droit d'invoquer contre les tiers la nullité de l'article 1444 du Code civil ; mais, ces éminents auteurs hésitent à concéder le même droit à la femme (1).

Pour nous, qui sommes partisans du dernier système, nous pensons que, les textes ne faisant aucune distinction, la séparation de biens qui n'a pas été exécutée suivant le vœu de la loi, est nulle à l'égard de tous, et même à l'égard des tiers. Après avoir accordé à la femme le droit d'en opposer la nullité au mari, il nous paraît impossible de lui refuser le même droit contre les tiers. M. Guillouard dit avec raison : « La raison de douter est la même : la femme peut-elle se prévaloir d'une nullité qui lui est imputable ? Mais, du moment où l'objection est écartée vis-à-vis du mari, on doit l'écarter vis-à-vis de tous en proclamant le caractère absolu de la nullité » (2).

Nous avons indiqué plus haut deux caractères de la nullité édictée par l'article 1444 du Code civil et établi qu'elle est une nullité de fond opposable par tout intéressé.

1. Aubry et Rau, t. V, § 516, note 30, p. 399.
2. Guillouard, n. 1150. Comp. Paris, 24 février 1855 (D. 56, 2, 248).

Demandons-nous enfin si elle n'est pas une nullité d'ordre public.

On l'a soutenu en s'appuyant sur l'exposé des motifs de Berlier qui a dit au Corps législatif que les formes prescrites pour arriver à la séparation de biens sont d'ordre public.

Mais, les nullités d'ordre public sont celles qui ont été établies dans l'intérêt général, dans l'intérêt de la société ; ici, la nullité est d'ordre privé ; elle n'a pour but que de garantir des intérêts privés, purement pécuniaires.

Il suit de là que les parties peuvent y renoncer soit d'une façon expresse soit tacitement.

Ainsi, la nullité est couverte vis-à-vis du mari : s'il a laissé exécuter le jugement après la quinzaine, ou s'il ne s'est pas opposé à ce que la femme prenne la qualité de femme séparée ; vis-à-vis de la femme : si elle a pris cette qualité : vis-à-vis des créanciers du mari, s'ils n'ont pas protesté, lorsque la femme s'est présentée comme femme séparée, et s'ils ont concouru à l'exécution (1).

APPENDICE Les règles que nous avons d'exposer

1. Douai, 19 août 1840 (Dalloz, *Rép*, n. 1850). Grenoble, 7 juin 1886. Recueil de Grenoble, 253, 1886. Aubry et Rau, t V, § 516. p. 400. Laurent, t. XXII, n. 203. Guillouard, n. 1151. Voir sur le mode d'exercice de la nullité pour défaut d'exécution ce qui est dit au début du chapitre suivant.

sur l'exécution du jugement de séparation de biens, et la nullité qui s'attache au défaut d'exécution, ne sont pas applicables à la séparation de biens résultant de la séparation de corps.

En premier lieu, les articles 1444 et 1445 ne visent que la séparation de biens principale, et aucun texte ne les rend applicables à la séparation de biens accessoire à la séparation de corps.

D'ailleurs, les motifs qui permettent d'obtenir l'une et l'autre séparation ne sont pas les mêmes. Dans le cas de séparation de biens principale, les affaires du mari sont en désordre, et le législateur devait prendre, et a pris des précautions pour empêcher une collusion entre les époux au préjudice des créanciers. Ces dangers ne sont pas à craindre dans la séparation de corps, et, il était inutile que la loi se préoccupât de sauvegarder les intérêts des créanciers qui ne sont pas en péril (1).

1. Bordeaux, 4 février 1814 (S. C. N. III, II, 407). Laurent *loc. cit.*, t. XXII, n. 250. Guillouard, *loc. cit.*, n. 1152.

CHAPITRE VII.

DU DROIT DES CRÉANCIERS DU MARI D'ATTAQUER LES JUGEMENTS DE SÉPARATION DE BIENS PRONONCÉS, ET MÊME EXÉCUTÉS EN FRAUDE DE LEURS DROITS.

§ 1. — *Des actions données aux créanciers du mari contre les jugements de séparation de biens.*

Nous avons vu que la loi impose, à peine de nullité, à la demanderesse en séparation de biens, l'accomplissement de plusieurs formalités : l'observation d'un délai d'un mois entre la demande et le jugement, la publicité de la demande, celle de la décision judiciaire qui prononce la séparation de biens, et enfin l'exécution du jugement dans la quinzaine.

Nous savons aussi que la séparation de biens ne peut être volontaire, et que les créanciers du mari ont le droit d'intervenir dans l'instance.

Si toutes les prescriptions de la loi ont été accomplies, et si les créanciers ont pris les mesures nécessaires pour sauvegarder leurs intérêts, il est bien improbable qu'une séparation de biens frauduleuse puisse se produire. Cette éventualité peut cependant se réaliser. Aussi le législateur, dominé par cette idée qu'il devait protéger les créanciers du mari, leur a permis, dans l'article 1447 du Code civil, d'attaquer toute séparation de biens qui serait prononcée ou même exécutée en fraude de leurs droits.

Les créanciers du mari peuvent donc, si la séparation de biens est volontaire, si elle n'a pas été précédée ou suivie des formalités prescrites par la loi, en opposer la nullité. Cette nullité, ils la font valoir en frappant le jugement d'opposition ou d'appel, s'ils sont encore dans les délais, exerçant ainsi les droits du mari, leur débiteur, en conformité de l'article 1166 du Code civil. Après l'expiration des délais d'opposition et d'appel, il leur est loisible pendant trente ans de former tierce-opposition au jugement.

Que si la séparation de biens ne résulte pas de l'accord des époux, et que les formalités de la loi ont été observées, les créanciers du mari ont le droit d'attaquer la décision judiciaire qui prononce la séparation de biens par la voie de l'opposition ou de l'appel, comme le mari lui-même, en vertu de l'art. 1166 du Code civil. Le jugement devenu définitif, ils ne peuvent, dans cette hypothèse, que le frapper de tierce opposition ; et encore, faut-il, pour que cette voie de recours extraordinaire leur soit ou-

verte, qu'ils prouvent que la séparation de biens
a été prononcée ou exécutée en fraude de leurs
droits. De plus, le délai ordinaire de la tierce opposition qui leur est donnée est considérablement di-
minué, il est réduit de trente ans à un an par l'article 873 du Code de procédure civile.

§ 2. — *Conditions d'exercice de l'action paulienne spéciale des créanciers du mari.*

Article 1er. — De la preuve à fournir par les
créanciers.

Il ne suffit pas que les créanciers du mari, pour
faire annuler la séparation de biens en vertu de l'article 1447 du Code civil, établissent qu'un préjudice
leur a été causé ; il faut, de plus, qu'ils prouvent
qu'elle a été le résultat d'une fraude. Les termes de
l'article 1447 semblent ne laisser aucun doute à cet
égard.

Certains auteurs ont cependant contesté cette
solution.

L'un d'eux, Toulier, voit une différence entre la
portée de l'article 1447, et celle de l'article 1167 du
Code civil qui reconnaît d'une manière générale aux
créanciers la faculté d'attaquer les actes faits par
leurs débiteurs en fraude de leurs droits. La loi,
dit-il, permet aux créanciers du mari d'intervenir

dans l'instance en séparation de biens ; elle veut donc leur fournir le moyen, non pas seulement de déjouer la fraude, mais encore de prévenir le préjudice qui pourrait les atteindre. Dominée par cette considération que les séparations de biens sont généralement le résultat d'un concert frauduleux, elle a voulu accorder aux créanciers des faveurs exceptionnelles pour leur permettre de sauvegarder leurs intérêts. Les expressions de l'article 1447 « en fraude de leurs droits » ne signifient pas autre chose que le préjudice éprouvé par les créanciers du mari dont la séparation de biens diminue le gage, et non pas la fraude qui donne lieu à l'action révocatoire de l'article 1167 (1).

Il nous est impossible de souscrire à de pareilles idées que ne justifient ni la lettre ni l'esprit de la loi. A notre époque, dans le langage du droit, la fraude suppose tout à la fois le préjudice et l'intention de nuire. C'est dans ce sens que le mot « fraude » a été employé dans l'article 1167. Le législateur, en se servant de la même expression dans l'article 1447, n'a pas entendu y attacher une signification différente. Pourquoi n'aurait-il pas employé le mot « préjudice » s'il avait voulu accorder aux créanciers du mari le droit exorbitant que l'on suppose ? Du reste, la théorie de Toulier,

1. Toullier, n. 88 et suiv.

si elle était admise, aurait pour conséquence de faire tomber sous l'application de l'article 1447 toutes les séparations de biens ; car, il n'en est pas qui ne causent un préjudice, quelque minime qu'il soit, aux créanciers du mari. Il faut donc décider que ces derniers, pour triompher dans leur action, sont tenus d'établir, non pas seulement que la séparation de biens leur porte préjudice, mais encore qu'elle a été demandée et poursuivie par les époux dans le but de leur nuire (1).

Article 2. — Du délai dans lequel les créanciers du mari doivent attaquer le jugement rendu en fraude de leurs droits. —

C'est dans un délai très court que les créanciers du mari peuvent se pourvoir par la tierce-opposition contre un jugement de séparation de biens prononcé et même exécuté en fraude de leurs droits.

L'article 873. C. p. c. dit en effet : « si les formalités prescrites au présent titre ont été observées, les créanciers du mari ne seront plus reçus, après l'expiration du délai (d'un an) dont il s'agit dans

1. La doctrine et la jurisprudence sont en ce sens. V. notamment Aubry et Rau, t. V, § 516, texte et note 22, p. 394 et 395. Guillouard, n. 1153. Cassation, 2 février 1870 (D. 70, 1, 118 ; S.. 70, 1, 191); 19 novembre 1873 (S. 73, 1, 103); 14 mai 1879 (D. 79. 1, 311 et S. 79, 1, 203).

l'article précédent, à se pourvoir par tierce opposition contre le jugement de séparation (1). »

Il est facile de justifier ce texte.

Les créanciers du mari ont été avertis de la demande en séparation de biens et du jugement qui l'a suivie. S'ils ne se sont pas hâtés de l'attaquer dans le délai d'un an, on doit considérer leur silence comme une approbation. Leur inaction serait inexplicable s'ils se trouvaient en présence d'une séparation de biens frauduleuse. D'ailleurs, la diminution du délai ordinaire de la tierce opposition en faveur des époux qui se sont conformés à toutes les prescriptions de la loi se justifie encore par la nécessité de soustraire à l'incertitude, résultant du péril d'une demande en révocation toujours imminente, la position nouvelle faite aux époux par le jugement de séparation de biens.

Nous ne comprenons pas, étant donné la précision de l'article 873 C. pr. civ., que des auteurs (2) aient pu croire que les créanciers du mari avaient la faculté d'attaquer en tout temps le jugement de séparation de biens régulier en la forme, mais intervenu

1. Le délai d'un an de l'article 873 C. pr. civ. a le même point de départ et le même terme que celui pendant lequel le jugement doit rester affiché aux endroits prescrits par la loi.

2. Carré et Chauveau, quest. 2959.

en fraude de leurs droits. Ils se fondent sur ce que l'article 1447 du Code civil ne fixe aucun délai après lequel l'action des créanciers n'est plus recevable ; mais, ils perdent de vue l'article 873 du Code de procédure civile qui a eu précisément pour objet de limiter à un délai fort court l'action des créanciers, afin que la position des époux ne reste pas longtemps incertaine. Si leur doctrine était suivie, l'article 873 deviendrait absolument sans portée. Du reste, le délai d'un an est bien assez long pour les créanciers que la loi a mis à même par tous les moyens possibles de surveiller la conduite des époux et de découvrir les fraudes qu'ils commettraient.

Pour les mêmes raisons, nous repoussons la théorie de Demiau Crouzilhac (page 547) qui donne aux créanciers le droit de se pourvoir dans le délai de dix ans de l'article 1304 du Code civil contre les séparations de biens frauduleuses.

§ 3. — *Etendue d'application des articles 1447 C. civ. et 873 C. pr. civ.*

L'article 1447 du Code civil porte que les créanciers du mari peuvent attaquer les séparations de biens qui seraient prononcées et même exécutées en fraude de leurs droits.

Ce n'est donc pas seulement la disposition du ju-

14

gement qui prononce la séparation de biens qui tombe sous l'application de cet article, mais encore le chef de ce jugement, ou bien l'acte, ou la décision judiciaire postérieure qui liquide les droits et reprises de la femme.

Tous les commentateurs et les tribunaux reconnaissent aux créanciers du mari la faculté de se pourvoir contre la liquidation qui serait intervenue en fraude de leurs droits ; mais, ils ne sont plus d'accord lorsqu'il s'agit de déterminer le délai dans lequel les créanciers doivent invoquer leur action en nullité.

Certains auteurs ont pensé que l'article 873 du Code de procédure civile devait recevoir son application.

Il est vrai que la loi ne distingue nullement entre la séparation de biens et la liquidation ; que même elle considère celle-ci comme l'accessoire et la conséquence de celle-là, puisqu'elle déclare la séparation nulle, si elle n'a pas été suivie de poursuites en liquidation dans la quinzaine du jugement ; et qu'il importe que les droits des époux et des tiers ne demeurent pas longtemps incertains.

Il est certain aussi que la publicité donnée au jugement avertit les créanciers que la liquidation a eu lieu ou qu'elle va être faite sans retard.

Le délai d'un an semble donc suffisant pour l'exercice de l'action qu'ils ont à intenter, le cas échéant, contre la liquidation.

Dans le principe, ce système absolu a triomphé en jurisprudence : (1) mais, il n'a pas tardé à recevoir une profonde modification.

Les auteurs et les arrêts ont distingué entre l'hypothèse où la liquidation est contenue dans le jugement même qui prononce la séparation de biens, et l'hypothèse où elle est faite dans un jugement postérieur ou dans un acte particulier.

Pour la première hypothèse, ils ont maintenu la solution du système que nous venons d'exposer.

Pour la seconde, ils l'ont repoussée. Ils ont remarqué avec raison que l'acte particulier de liquidation ou le jugement postérieur à la séparation de biens qui fixent les droits et reprises de la femme ne sont soumis à aucune publicité. Les créanciers ne sont donc pas en demeure de veiller à ce que la liquidation ne soit pas faite en fraude de leurs droits. Il serait inique de réduire la durée de leur action à un an. D'ailleurs, l'article 873 C. pr. civ. ne prescrit l'observation de ce délai qu'en ce qui concerne le jugement de séparation de biens : c'est donc à ce jugement seul que s'applique la déchéance (1).

1. Cassation, 4 décembre 1815 (Dalloz, *Rép.*, *loc. cit.*, n. 1880); Riom. 26 décembre 1817 (id.). *Adde*, Berriat Saint-Prix, p. 673, note 17.

1. Dijon, 6 août 1817 (D. 18, 2, 26). Cass., 26 mars 1833

Dans la suite, on a fini par abandonner complètement le système qui avait été d'abord adopté. Il est
aujourd'hui à peu près constant que les créanciers
ne sont tenus d'observer le délai de l'article 873 C.
pr. civ., qu'à l'égard de la disposition du jugement
qui déclare les époux séparés de biens, et que, pour
attaquer la disposition relative à la liquidation des
droits de la femme, et tout acte ou jugement postérieur de liquidation, ils jouissent de tout le temps
par lequel se prescrivent les actions ordinaires,
c'est-à-dire du délai de trente ans.

La Cour de cassation a justifié ce système par les
considérations suivantes.

« L'action en séparation et l'action en liquidation
sont essentiellement distinctes ; si elles peuvent être
formées et jugées simultanément à raison de leur
connexité, elles ne cessent pas de différer l'une de
l'autre par leur nature et leur objet. La demande en
séparation ayant pour but de modifier l'état des
époux et les droits d'administration du mari, il importait de ne pas prolonger l'incertitude sur le sort
de cette demande et fixer un bref délai dans lequel

(S. 33. 1. 273 et D. 33, 1, 222). Bordeaux, 20 juin 1835 (D.
36, 2, 48). Paris, 25 avril 1835 (S. 35, 2. 241). Toullier,
t. XIII, n. 85 et suiv. Bellot des Minières, t. II, n. 139. Del-
vincourt, t. III, n. 406. Thomine, sur l'art. 873, n. 1023.
Benoît, n. 331 et 332. Duranton, t. XIV, n. 413.

les créanciers seraient tenus d'attaquer le jugement qui aurait prononcé la séparation. Tel est le motif qui a déterminé la disposition exceptionnelle que le législateur a insérée dans l'article 873 C. pr. civ. Mais, ce motif ne peut être appliqué à la liquidation des reprises, qu'elle soit opérée par le jugement même de séparation, ou par un jugement postérieur. Dans ces deux hypothèses, la décision qui statue sur la liquidation des reprises est de la même nature, c'est-à-dire qu'elle est soumise au droit commun. Le principe général accorde aux créanciers un délai de trente ans pour former tierce-opposition aux jugements qui préjudicient à leurs droits. Si l'article 873 a admis une exception à la règle en ce qui concerne le jugement qui prononce la séparation de biens, aucune disposition n'y a dérogé à l'égard des autres condamnations prononcées au profit de la femme. D'un autre côté, il résulte des articles 865 et suivants du Code de procédure civile et des articles 1444 et 1445 du Code civil combinés que les formalités qu'ils prescrivent ont pour objet et pour résultat de donner de la publicité à la séparation de biens, mais qu'ils n'en donnent pas à la liquidation. L'on ne pourrait donc appliquer le délai d'un an aux condamnations prononcées contre le mari, sans exposer ses créanciers à perdre leur droit de tierce-opposition avant d'avoir pu l'exercer (1).

Il importerait peu d'ailleurs que, dans le cas où la liquidation a fait l'objet d'un jugement particulier, ce jugement ait été publié. La déchéance de l'article 873 ne saurait être appliquée. La publicité serait ici une superfétation : aucun texte ne l'exige. De plus, il ne peut dépendre de la femme de faire varier à son gré le droit des créanciers du mari, en remplissant ou non, à l'égard du jugement de liquidation, les formalités de publicité prescrites par l'article 872 du Code de procédure civile.

Nous avons dit plus haut (2) que le droit d'intervention appartient même aux tiers qui ne sont pas créanciers actuels du mari, mais à qui la séparation de biens peut éventuellement préjudicier. Ces tiers ont aussi le droit d'invoquer le bénéfice des dispositions des articles 1445 C. civ., et 873 C. pr. civ. (2).

1. Cassation, 11 novembre 1835 (D. 35, 1, 44). Poitiers, 18 juin 1838 (S. 38, 2, 242). Riom, 9 juin 1845 (S. 45, 2, 400). Grenoble, 7 juin 1851 (S. 51, 2, 613). Paris, 21 janvier 1858 (S. 58, 2, 565). Cassation, 22 décembre 1880 (D. 81, 1, 156). Cubain, *Droit des femmes*, n. 512. Dutruc, n. 243 et s. Aubry et Rau, t. V, § 510. Laurent, t. XXII, n. 271. Guillouard, n. 1154.

2. V. Chapitre IV. Laurent, t. XXII, n. 266. Guillouard, n. 1123.

3. Laurent, t. XXII, n. 266. Guillouard, n. 1123.

Il peut se faire qu'un seul des créanciers du mari attaque la séparation de biens.

S'il triomphe dans son action, le jugement annulé à son profit sera-t-il nul *erga omnes*, à l'égard des autres créanciers, et à l'égard des époux eux-mêmes ?

On l'a soutenu, en faisant remarquer que la situation juridique de la femme doit être une, qu'elle ne peut être séparée de biens vis-à-vis de son mari, et non séparée vis-à-vis des tiers.

Mais, cette opinion n'a pas prévalu.

Elle est, d'ailleurs, contraire à l'article 1351 du Code civil, d'après lequel la chose jugée n'a d'effet qu'entre les personnes qui ont été parties au procès. Il n'en devrait être autrement que si l'effet du jugement de séparation de biens était indivisible : or, les droits et les obligations de la femme séparée de biens sont divisibles. Rien ne s'oppose donc à ce que le jugement de séparation, annulé en faveur d'un créancier, continue de produire ses effets à l'égard de toute autre personne, et notamment dans les rapports des époux entre eux. Il n'y a aucune contradiction à supposer que la femme sera, pour le réglement de ses intérêts pécuniaires, séparée de biens vis-à-vis de son mari, et, dès lors, ayant le droit d'exercer ses reprises, et commune vis-à-vis de tiers créanciers, et par suite ne pouvant pas dès à présent se faire payer en concurrence avec eux.

Cette théorie est très bien exposée et justifiée par les motifs d'un arrêt de la cour d'Orléans du 24 décembre 1840 (1).

« Attendu que... toute action n'a pour objet que de faire déclarer le droit de celui-là seulement qui l'exerce ; que, par suite de ce principe, la tierce opposition, admise et reconnue valable, ne profite qu'au tiers opposant dans la mesure de son intérêt et de son droit personnel, et n'a pas pour effet de rétracter le jugement à l'égard des parties qui l'ont respecté, à moins que l'objet sur lequel le jugement a statué ne soit indivisible, et qu'il n'y ait impossibilité d'exécuter ce premier jugement et celui rendu sur sa tierce opposition ; que l'objection tirée de la prétendue indivisibilité de la qualité d'épouse séparée de biens n'est que spécieuse :..; qu'il est bien vrai que toute qualité considérée abstractivement, est indivisible, mais qu'il n'est pas ainsi des obligations et droits attachés à cette qualité ; que, de même qu'un héritier peut être déclaré bénéficiaire à l'égard d'un créancier de la succession et héritier pur et simple à l'égard d'un autre ;... de même, une

1. Dalloz, *Rép.*, n. 1860. Comp. Req., 10 mai 1875 (D. 76, 1, 451). Guillouard, *loc. cit.*, n. 1156. *Contrà.* Carré et Chauveau. *Lois de la procédure, suppl.*, quest. 2958 *bis*.

femme peut être à l'égard de son mari séparée de biens, et être déclarée commune à l'égard de tel créancier, de manière à priver celle-ci d'un droit dépendant de sa qualité de femme séparée ».

Les effets du jugement de séparation de biens ne pourraient plus être divisés s'il y avait opposition d'intérêts et de vues entre les tiers eux-mêmes, tous également de bonne foi, et voulant, les uns la séparation, les autres la communauté. Dans un tel cas, le nullité sera applicable, et le jugement annulé à l'égard de tous; on préférera naturellement l'intérêt des créanciers qui ont pour eux le texte de la loi.

CHAPITRE VIII.

EN QUEL SENS DOIT ÊTRE ENTENDU L'EFFET RÉTROACTIF
DE LA SÉPARATION DE BIENS.

§ 1. — *Fondement et origine de la rétroactivité de la séparation de biens.*

L'article 1445 § 2 du Code civil porte que le jugement qui prononce la séparation de biens remonte, quant à ses effets, au jour de la demande.

Il pouvait paraître inutile de le dire. N'est-il pas de règle que les jugements déclaratifs de droits rétroagissent au jour de la demande? D'accord ; mais, le jugement de séparation de biens n'est pas simplement déclaratif de droits. Il substitue un régime matrimonial nouveau à celui que les époux avaient ; il est donc aussi attributif de droits. Par suite, si la loi ne se fût pas expressément prononcée sur la rétroactivité, une controverse eût pu naître de son silence.

L'article 1445 se justifie d'ailleurs pleinement. Admettre la rétroactivité, c'était le seul moyen d'as-

surer à la femme la protection qu'elle cherche dans
la séparation de biens. Il fallait empêcher que, dans
l'intervalle de la demande et du jugement, la ruine
de la femme ne fût consommée par le mari. Et puis,
elle ne devait pas être victime des lenteurs de la justice et des retards que les chicanes du mari pourraient amener dans la solution du procès.

Pothier (1) nous apprend que la sentence de séparation produisait le même effet rétroactif dans l'u-
sage du Châtelet de Paris, et qu'en conséquence, la
femme avait coutume de faire dès le jour de la demande sa déclaration au greffe qu'elle renonçait à
la communauté (2) ; mais, il professe lui-même une
doctrine contraire. A ses yeux, la communauté ne
doit être dissoute que par le jugement qui prononce
la séparation de biens. Il établit à cet égard une
différence entre les sociétés ordinaires et la société
conjugale. Il explique que si la société ordinaire est
censée dissoute du jour où l'un des associés demande
la dissolution, c'est que sa volonté seule suffit pour
rompre le contrat et que la demande met l'autre en
demeure de la rompre. Or, dit-il, « je ne dois pas
souffrir de la demeure injuste en laquelle a été mon

1. Pothier, *Traité de la communauté*, n. 529.
2. Cette renonciation a été reconnue valable depuis le
Code. Orléans, 14 décembre 1817 (S. 19, 2, 216). Chauveau
sur Carré, quest 2063, à la note.

associé d'asquiescer à une demande juste que je lui faisais, et il doit encore moins en profiter. Au contraire, la communauté entre époux ne peut se dissoudre que par la sentence du juge, n'étant pas au pouvoir du mari d'asquiescer à la demande en séparation ».

Toullier (1) répond fort bien que la dissolution de la communauté est en réalité subordonnée à la volonté de la femme qui peut ne pas demander la séparation de biens, ou ne pas donner suite au jugement qui l'a prononcée; et que, si une décision judiciaire est nécessaire, c'est seulement pour empêcher que la femme n'opère la dissolution de la société civile existant entre elle et son mari sans cause sérieuse et légitime.

§ 2. — *Etendue d'application de la rétroactivité*.

On s'étonne, en présence des termes généraux de l'article 1445 du Code civil que les auteurs aient voulu restreindre son application aux rapports des époux entre eux, et soutenir que l'effet rétroactif du jugement de séparation de biens n'est opposable aux tiers qu'après l'accomplissement des formalités qui ont pour but de le porter à leur connaissance.

1. T. XIII. n. 96 et suivants.

C'est Pigeau qui le, premier, a émis cette théorie.
« La loi, dit-il, annule toute séparation de biens qui
n'a point été rendue publique, de même que celle
qui n'a point été exécutée, et cela parce que les tiers
l'ignorent et peuvent traiter dans son ignorance. Ne
serait-il pas absurde qu'une simple demande, qu'ils
n'ignorent pas moins, produisit plus d'effet qu'un
jugement non publié ni exécuté, et autant que ce
jugement quand il est exécuté et publié ? Et qu'on
ne dise pas que les tiers sont suffisamment avertis
par la publicité donnée à la demande ; car, cet argument conduirait à prétendre que dès le lendemain
de l'inscription de la demande sur le tableau, le
tiers qui traite avec le mari, à cent lieues peut-être
de l'endroit où est exposé ce tableau, a pu en avoir
déjà pris connaissance ». Pigeau en conclut que la séparation de biens n'est opposable aux tiers qu'a-
près l'accomplissement des formalités requises pour
la publicité du jugement qui la prononce. Il tire de
son système, pour le régime de la communauté, la
conséquence suivante : que, s'il échoit à la femme
une succession mobilière pendant l'instance, bien que
cette succession lui appartienne tout entière à l'ex-
clusion du mari, néanmoins, les créanciers de celui-
ci, qui ignorent, ou sont censés ignorés la séparation
de biens qui n'a pas encore été rendue publique,
sont fondés à considérer l'actif de cette succession

comme un gage de leurs créances et peuvent le saisir, sauf le recours de la femme contre son mari (1). La doctrine de Pigeau a pour résultat, sous le régime dotal, de donner le même droit aux créanciers sur les revenus des biens dotaux perçus par le mari entre la demande et la publicité du jugement.

Ce système est aujourd'hui presque complètement abandonné.

On admet généralement que l'effet rétroactif du jugement de séparation de biens s'applique à l'égard des tiers aussi bien qu'à l'égard du mari. La loi ne fait, en effet, aucune distinction. Et puis, le premier système, s'il était suivi, laisserait au mari la possibilité de rendre souvent inefficace le remède de la séparation de biens. Il pourrait, au cas où la femme ne prendrait pas de mesures conservatoires, dissiper durant l'instance, non seulement les biens dont il a l'administration, mais encore ceux qui écherraient à son épouse. D'ailleurs, la demande en séparation de biens est réputée connue des tiers dès qu'elle a été publiée. Autrement, les formalités prescrites par la loi n'auraient aucune utilité. Il y a une présomption légale que les intéressés sont avertis de la demande de la femme. Dès lors, rien d'éton-

1. Pigeau, *Proc. civ.*, t. II, p. 541. Bellot des Minières, t. II, p. 129. Rouen, 9 août 1830 (D. P. 40, 2, 39).

nant à ce que le jugement ait un effet rétroactif. Pigean reconnaît lui-même que le jugement, une fois publié, est présumé connu des tiers. N'y a-t-il pas la même présomption dans les deux cas ?

En somme, les créanciers qui ont suivi la foi du mari ont à se reprocher d'avoir traité avec lui sans s'être assurés de sa solvabilité et de sa capacité.

Pour nous, nous partageons une troisième opinion, moins exclusive que la précédente, qui valide les actes d'administration faits sans fraude par le mari dans l'intervalle qui sépare la demande du jugement (1).

Cette doctrine se justifie par la considération suivante : la femme reste incapable jusqu'au jugement de séparation de biens ; elle ne peut donc gérer ses biens. D'autre part, son patrimoine ne saurait rester à l'abandon. Il est, dès lors, nécessaire de laisser au mari ses pouvoirs d'administrateur. La demande en séparation a, du reste, pour conséquence de le rendre comptable de sa gestion vis-à-vis de la femme, et de lui imposer la responsabilité des pertes imputables à sa négligence.

1. Aubry et Rau, t. V, § 516, note 45, p. 400-401. Laurent, t. XXII, n. 336. Guillouard, n. 1162 et suivants. Colmet de Santerre, t. VI, n. 94 *bis*, II. — Nous ne faisons aucune distinction entre les actes d'administration. La loi ne divise nulle part les actes d'admininistration en diverses catégories. Dès lors, toute distinction serait arbitraire.

La femme pourrait, d'ailleurs, faire annuler les actes d'administration qui auraient été accomplis frauduleusement par le mari, dans le but d'entraver, ou d'amoindrir la gestion que la séparation de biens doit lui donner. Ce n'est, en effet, que, par nécessité, et dans l'intérêt même de la femme, qu'on laisse au mari ses pouvoirs d'administrateur ; du moment qu'il abuse de la mission qui lui est confiée, on doit faire prévaloir le principe de la rétroactivité. Il en était déjà ainsi dans l'ancien droit. On allait même jusqu'à présumer frauduleux tout bail « que le mari se serait empressé de faire à la veille d'une demande en séparation qu'il savait que sa femme devait donner contre lui. » Cette présomption ne doit pas être reproduite dans le droit actuel, aucun texte ne l'ayant établie. Il faut donc examiner pour chaque espèce si le mari a agi frauduleusement ou non.

Du reste, il est loisible à la femme de prendre, durant l'instance, les mesures nécessaires à la conservation de ses droits. (Art. 869 Code procédure civile).

Tous les actes du mari, autres que les actes d'administration, concernant soit les biens communs et les propres de la femme sous le régime de la communauté, soit ses biens personnels ou ses biens dotaux sous les autres régimes, ne sont pas opposables à la demanderesse en séparation de biens.

§ 3. — *Conséquences de la rétroactivité.*

C'est au jour de la demande que le juge ou le notaire doivent se placer pour dresser la liquidation des droits et reprises de la femme (1).

C'est là une conséquence de la rétroactivité du jugement de séparation de biens.

Doivent-ils tenir compte à la femme des intérêts de sa dot et de ses reprises, à dater de la même époque, ou seulement à partir du jugement ?

Cette question faisait déjà difficulté dans l'ancien droit.

Le châtelet de Paris jugeait que les intérêts de la dot et des reprises de la femme étaient dûs par le mari à compter du jour de la demande, déduction

---

1. Les effets du jugement remontent au jour de la demande lui-même. Il n'y a pas lieu d'appliquer ici la règle d'après laquelle le *dies a quo* n'est point compris dans le terme : nous ne nous trouvons pas en présence d'un délai. Le jour de la demande est le jour de l'assignation et non pas le jour de la requête au président. Bordeaux, **23** novembre **1880** (Dalloz, *Supplément*, p. **107** et **124**). *Contrà*, Toulouse, **29** juin **1882** (D. 83, 2, 146).

faite des aliments qui lui avaient été fournis durant l'instance, et de sa part contributive aux charges du mariage.

D'après la jurisprudence du Parlement de Paris, au contraire, la femme n'avait droit aux intérêts que du jour de la sentence.

Enfin, Pothier laissait au juge une grande latitude d'appréciation, en lui conseillant toutefois d'accorder à la femme les intérêts de sa dot, s'ils étaient sensiblement supérieurs aux aliments qu'elle avait reçus, et à sa part contributive aux dépenses du ménage. Pothier ne donnait aucune raison à l'appui de sa doctrine. (Pothier, *De la communauté*, nᵒ 521).

Sous le Code civil, la question est encore controversée.

Pour nous, nous estimons que la femme a droit, à partir de la demande en séparation de biens, aux intérêts de sa dot et de ses reprises, sous la déduction toutefois de sa part contributive aux charges du mariage.

La Cour de cassation a été pendant longtemps d'un avis contraire (1). Troplong, qui approuvait sa jurisprudence, en donnait deux motifs : le premier, c'est que les intérêts sont en général la peine d'un retard dans le paiement : or, le mari n'est pas en

1. Cassation, req. 28 mars 1846 (D. 48. 1, 170).

retard, car il ne peut payer avant le jugement de séparation : le deuxième motif, c'est que, dans l'intervalle qui sépare la demande du jugement, le mari doit supporter les charges du mariage, auxquelles les intérêts de la dot ont précisément pour destination de faire face.

Ces arguments ne sont que spécieux.

Si, dans le cas de séparation de biens, un jugement est nécessaire, ce n'est pas pour faire produire ses effets à la séparation, puisque la loi déclare qu'ils remontent au jour de la demande : mais, c'est seulement pour empêcher que la femme ne provoque la dissolution de la société conjugale sans motif raisonnable. La séparation, une fois prononcée, existe du jour de la demande : dès lors, rien d'étonnant à ce que les intérêts de la dot soient acquis à la femme du jour où, par la demande, elle a manifesté l'intention de dissoudre la communauté, intention qui a immédiatement produit ses effets.

De plus, s'il est vrai que généralement les intérêts sont la peine du retard mis par le débiteur à sa libération, et que le mari ne peut rendre la dot de la femme avant le jugement qui sanctionne la demande en séparation de biens, il y a des exceptions à cette règle générale : ainsi, le tuteur, qui, en vertu de l'article 474 du Code civil, doit à son ex-pupille les intérêts du reliquat « sans demande à compter de la clôture du compte », n'est pas en retard. Ici les intérêts ne sont pas la peine du retard, mais une conséquence de ce principe que la séparation existe du jour de la demande. La loi a voulu faire remonter les effets de la séparation au jour de la demande afin d'empêcher que, dans l'intervalle de la demande et du jugement, le mari pût compromettre la dot de la femme. Or, ne serait-il pas dangereux de lui laisser la disposition des intérêts de cette dot pendant l'intervalle dont nous parlons, intervalle qui peut se prolonger selon les circonstances. D'ailleurs, l'article 1445 du Code civil est formel ; il ne distingue pas : l'article 1473 du même code l'est plus encore, et il ne distingue pas davantage : Art. 1473 C. civ. : « Les remplois et récompenses dus par la communauté aux époux, et les récompenses et indemnités par eux dues à la communauté emportent les intérêts de plein droit du jour de la dissolution de la communauté ».

Enfin, compenser les intérêts de la dot avec les charges du ménage, comme le veut Troplong, c'est introduire dans la loi un prétendu tempérament d'équité (1).

1. La jurisprudence est actuellement en notre sens. Cass., 18 juin 1877 (S. 77, 1, 406 et D. 77, 1, 445). Toulouse, 30 décembre 1891, *Gaz. Midi*, 31 janvier 1892. Voyez Dutruc, *loc. cit.*, n. 278. Rodière et Pont, n. 2169 et 2173. Aubry et

CHAPITRE IX.

LES EFFETS DE LA SÉPARATION DE BIENS ACCESSOIRE NE RÉTROAGISSENT PAS AU JOUR DE LA DEMANDE.

Le titre de ce chapitre indique la solution que nous donnons à la controverse qui divise les auteurs et la jurisprudence sur le point de savoir si la séparation de biens résultant d'un jugement de séparation de corps rétroagit au jour de la demande.

Nous sommes d'avis, avec la majorité des auteurs, de repousser la rétroactivité de la séparation de biens accessoire aussi bien à l'égard des époux qu'à l'égard des tiers.

Nous pouvons d'abord faire remarquer que le pa-

Rau. t. V. § 516, note 16, p. 101. Laurent, t. XXII, n 541. Guillouard, n. 1163.

La solution serait la même au cas où la femme aurait, par suite d'une transaction, suspendu ses poursuites, puis les aurait reprises. Agen, 29 avril 1868 (S. 68, 2. 120). Dutruc, *loc. cit.* n. 271 et 274. *Contrà*, Paris, 18 décembre 1846 (S. 46, 1, 553). Cassation, 4 février 1846 (*Pand. chr.*).

ragraphe deux de l'article 1445 du Code civil qui édicte la rétroactivité, parle d'un jugement qui prononce » la séparation de biens ; or, le juge, en statuant sur la séparation de corps, « ne prononce pas » la séparation de biens. Celle-ci est la conséquence virtuelle de son jugement. (Article 311 du Code civil).

On ne saurait prétendre, du reste, qu'en édictant l'article 1445, le législateur songeait à s'expliquer sur les effets de la séparation de biens qui n'a pas été l'objet d'une demande principale. Il l'avait fait dans l'article 311 ; il n'avait pas à y revenir. De ce dernier article, il résulte clairement que, le jugement de séparation de corps une fois rendu, les époux sont légalement séparés de biens. Or, il n'y a de séparation de corps qu'à partir de la décision judiciaire qui la prononce ; par conséquent, il en est de même de la séparation de biens qu'elle entraîne. D'ailleurs, si on la faisait rétroagir au jour de la demande, elle produirait effet avant la naissance de sa cause efficiente et génératrice, ce qui est inadmissible.

On a bien senti la force de cette argumentation dans l'opinion contraire qui admet la rétroactivité de la séparation de biens accessoire tout au moins entre époux ; et, on a voulu la mettre à néant en s'efforçant d'établir, malgré le silence des textes,

que les effets de la séparation de corps eux-mêmes
remontent au jour de la demande, et que, par suite,
il ne peut en être différemment des effets de la séparation de biens accessoire.

Ainsi, nous lisons dans un arrêt de la cour de
Riom les considérations suivantes. « Assimilée par
la loi à toutes les actions suivantes, la séparation
de corps est régie par ce principe général qui fait
remonter l'effet du jugement au jour où l'instance
a été introduite, les décisions judiciaires étant dé-
claratives et non attributives aux droits qu'elles
consacrent » (1).

Sans doute, le principe général est exact, mais,
il comporte des exceptions : il est des jugements at-
tributifs de droits, et, parmi eux notamment, ceux
qui prononcent la séparation de corps et la séparation de biens. Les effets de ces jugements ne rétroagissent pas au jour de la demande, à moins d'un
texte formel. Ce texte existe pour la séparation de
biens : c'est l'article 1445, paragraphe 2, du Code
civil ; mais, aucune disposition semblable n'a été
édictée pour la séparation de corps.

Du reste, le principe rappelé par la Cour de Riom
est fondé sur ce que le demandeur, ne devant pas
souffrir de la résistance de son adversaire, il est de

1. Riom, 27 mai 1867 sous Cassation du 12 mai 1860
(*Paud. chr.*).

toute justice que le jugement lui donne la situation qui lui aurait été faite, si le défendeur avait, dès le début de l'instance, acquiescé à la demande. Or, on sait qu'en matière de séparation de corps et de séparation de biens, les articles 307 et 1443 du Code civil prohibent l'acquiescement du défendeur. La raison de la rétroactivité n'existe donc pas.

De plus, l'article 311 C. civ., en s'abstenant de renvoyer à l'article 251 nouveau C. civ., lequel porte, dans son dernier alinéa, que le jugement de divorce remonte, quant à ses effets entre époux, au jour de la demande, se prononce tacitement contre la rétroactivité de la séparation de corps. Et son silence est d'autant plus probant qu'elle prend la peine d'indiquer dans l'article 307, nommément, mais aussi limitativement, tous les textes de la matière du divorce qui doivent recevoir leur application en matière de séparation de corps.

La séparation de corps n'ayant pas d'effet rétroactif, même entre époux, il ne saurait en être autrement de la séparation de biens qu'elle entraîne.

Les partisans de l'opinion contraire insistent, et prétendent qu'il est impossible que les effets de la séparation de biens ne soient pas identiquement les mêmes dans les deux hypothèses?

Ils oublient que la séparation de biens accessoire a un caractère tout différent de la séparation de biens principale ; que la séparation de corps a un autre but que la séparation de biens ; qu'il n'y a donc pas contradiction à refuser à l'une les effets que l'on accorde à l'autre.

La demande en séparation de biens a pour cause le péril de la dot, le désordre des affaires du mari (art. 1443 C. civ.) ; cette situation peut s'aggraver pendant le procès ; il est urgent d'y remédier ; c'est pourquoi, le législateur fait remonter les effets du jugement au jour de la demande.

En matière de séparation de corps, au contraire, la fortune de la femme n'est pas en jeu. Le mari peut même, tout en étant mauvais mari, être un excellent administrateur.

Par conséquent, il n'y a pas parité de situation, et, dès lors, pas de raison pour que la séparation de biens qui découle de la séparation de corps produise effet avant le jugement.

Bien plus, pour être conséquente avec elle-même, la doctrine opposée est dans la nécessité d'admettre que la rétroactivité s'applique à la séparation de biens accessoire même dans le cas où elle résulte d'une séparation de corps prononcée contre la femme ; et, la Cour de Limoges (arrêt du 17 juin 1835, *Pand, Chr.*) a en effet accepté cette conséquence. Or, comme le dit fort bien Demolombe, c'est là une preuve de plus que nos adversaires détournent l'article 1445 C. civ. de son véritable but qui est uniquement de protéger la dot de la femme contre les dilapidations du mari.

Faut-il s'arrêter davantage à l'objection suivante ? Doit-on craindre que le mari, irrité de la demande en séparation de corps formée contre lui, ne se venge de la femme en dissipant ses biens ? Certainement non. C'est là une éventualité de pure fantaisie. Il sera rare que le mari songe à se ruiner lui-même dans le seul but de ruiner sa femme.

Au surplus, celle-ci ne peut-elle pas user du bénéfice des dispositions édictées par les articles 242 et 243 du Code civil auxquels renvoie l'article 307 du même Code ?

De plus, ne lui est-il pas loisible de joindre à sa demande en séparation de corps une demande en séparation de biens principale ?

Ajoutons enfin que si on fait rétroagir la séparation de biens accessoire, il faut décider, pour être logique, que cette rétroactivité se produit à l'égard des tiers tout aussi bien qu'entre époux.

Merlin (*rép.* v° *sép. de biens*, § 4) et certains arrêts (1) n'hésitent pas à admettre cette conséquence forcée de leur doctrine.

Ils perdent de vue que la loi, si elle avait voulu faire rétroagir à l'égard des tiers la séparation de biens ac-

1. Cass. 22 avril 1845 (D. P. 45, 1, 267). Paris, 18 juin 1855 (D. P. 56, 2, 248). Paris, 27 décembre 1860 (D. P. 61, 2, 27). Besançon, 15 février 1864 (D. P. 64. 2, 37).

cessoire, eût prescrit la publicité de la demande en séparation de corps qui l'entraine, comme elle l'a fait pour la demande en séparation de biens principale.

D'ailleurs, l'article 243 du Code civil, auquel renvoie l'article 307, ne reconnait-il pas expressément que les actes passés entre le mari et des tiers de bonne foi durant le procès en séparation de corps sont inattaquables?

Ces arguments ont paru tellement décisifs à la grande majorité de nos adversaires qu'ils se sont refusés à admettre l'effet rétroactif de la séparation de biens accessoire vis-à-vis des tiers. De sorte que nous pouvons leur opposer le dilemme suivant :

Ou bien l'article 1445 alinéa 2 du Code civil est applicable à la séparation de biens accessoire aussi bien qu'à la séparation de biens principale, et alors, il doit y avoir rétroactivité absolue, c'est-à-dire tant à l'égard des époux qu'à l'égard des tiers.

Ou bien non, et dans ces conditions, il ne saurait y avoir de rétroactivité pas plus vis-à-vis des époux que vis-à-vis des tiers (1).

1. *Contrà* Cass. 12 mai 1869 (S. 69, 1, 301). Cass. 13 mars 1872. D. 72, 1, 49). Cass. 11 février 1873 (S. 73, 1, 160). Cass. 18 juin 1877 (D. 77, 1, 445). Toulouse, 20 juin 1882 (D. 83, 2, 146). Troplong. *C. de mar.*, n. 1386. Aubry et Rau, t. V, § 494, p. 203, note 18. En notre sens, Marcadé sur l'art. 311, n. 4. Valette. *C. de droit civil*, 1er volume, p. 374. Demolombe, *Mariage*, t. II, n. 514. Colmet de Santerre, t. VI, n. 94 *bis*, III. De Folleville, t. I, n. 424 et suivants. Guillouard. t. III, n. 1173 et suivants.

Droit romain.

1° Au début du droit romain, le principe de la restitution de la dot n'existait pas.

2° La règle qui défend la restitution volontaire de la dot pendant le mariage ne dérive pas de la prohibition des donations entre époux.

3° Par les mots « *egentem rirum* », la loi de 73, § 1, Dig. *de jure dotium*, désigne un précédent mari divorcé.

4° Au cas de restitution volontaire, le mari n'est pas tenu de surveiller l'emploi des biens restitués ; il n'est pas responsable du défaut d'emploi.

Droit civil.

1° Tout tribunal autre que le tribunal civil du domicile du mari est incompétent *ratione materiæ* pour connaître de la séparation de biens.

2° Les créanciers du mari ne sont pas directement liés à la procédure de séparation de biens, sauf le cas de faillite ou de liquidation judiciaire.

3° L'insertion d'un extrait du jugement de séparation de biens dans un journal de l'arrondissement du domicile du mari n'est pas prescrite par la loi.

4° La publication du jugement à la maison commune du

domicile du mari n'est exigée que lorsqu'il n'existe pas de tribunal de commerce dans l'arrondissement où est situé ce domicile.

5° Le délai de quinzaine durant lequel doit être commencée l'exécution du jugement de séparation de biens n'a pas été modifié par le Code de procédure civile.

6° Un acte sous-seings privés n'est pas suffisant pour constater valablement le paiement réel des reprises de la femme.

7° La signification du jugement dans la quinzaine ne constitue pas un commencement d'exécution.

8° La nullité pour défaut d'exécution est opposable aux tiers par le mari et par la femme.

9° Les créanciers du mari ont trente ans pour proposer la nullité de la liquidation des reprises de la femme faite en fraude de leurs droits soit dans le jugement même qui prononce la séparation de biens, soit dans un jugement ou un acte postérieur.

10° Les créanciers éventuels ont le droit de former tierce opposition au jugement de séparation de biens dans les mêmes cas que les créanciers actuels.

11° Les actes d'administration, concernant les biens communs et même les biens personnels de la femme, accomplis par le mari pendant la durée du procès en séparation de biens sont valables, sauf le cas de fraude.

12° Les intérêts de la dot et des reprises de la femme courent de la demande en séparation de biens.

13° Il en est ainsi même au cas où la femme a, par suite d'une transaction, suspendu puis repris les poursuites.

14° La séparation de biens accessoire à la séparation de corps n'a d'effet rétroactif ni à l'égard des époux ni à l'égard des tiers.

POSITIONS PRISES DE DEHORS DES THÈSES.

Droit romain.

1° Le seul consentement ne suffit pas à la formation du mariage.

2° Le pupille, qui a contracté *sine tutoris auctoritate*, et qui ne s'est pas enrichi, est tenu d'une obligation naturelle.

3° Les pactes et stipulations ne créaient pas, même sous Justinien, de véritables servitudes.

4° Le *fidejussor indemnitatis* ne peut être poursuivi qu'après le débiteur principal.

Droit civil.

1° Le Conseil de famille doit toujours être réuni au lieu d'ouverture de la tutelle.

2° La femme, en instance de divorce ou de séparation de corps, a le droit d'assister, pour la conservation de ses intérêts à l'inventaire des biens d'une succession qui lui échoit durant le procès.

3° L'époux, contre lequel la séparation de corps a été prononcée pour cause d'adultère, peut, après la dissolution du mariage, épouser son complice.

4° Un jugement peut prononcer le divorce au profit de l'un des époux et la séparation de corps au profit de l'autre.

5° L'enfant naturel peut être adopté par son auteur.

6° Les femmes mariées, les mineurs et les interdits ont le droit de surenchérir pendant les deux mois qui suivent l'accomplissement des formalités de purge légale à moins qu'une surenchère ait déjà été faite à la suite des hypothèques inscrites.

Procédure civile.

1° Un jugement par défaut est encore susceptible d'opposition s'il n'a été exécuté que par des exploits signifiés au parquet.

2° Le juge des référés ne peut plus rétracter l'ordonnance par laquelle il a autorisé une saisie-arrêt lorsque celle-ci a fait l'objet d'une demande en validité.

Droit commercial.

1° Le jugement déclaratif de faillite ne peut plus être rapporté en appel alors même que depuis ce jugement il a désintéressé tous ses créanciers connus.

2° Le délai d'appel du jugement déclaratif de faillite ne court que la signification du jugement.

TABLE DES MATIÈRES

DROIT ROMAIN

Des cas de restitution volontaire de la dot « constante « matrimonio.

DROIT FRANÇAIS

Des règles protectrices des droits des créanciers du mari au cas de séparation de biens judiciaire.

— 236 —

VU :
Le Président de la thèse,
P. CAUWÈS.

VU :
Le Doyen de la Faculté,
COLMET DE SANTERRE.

VU ET PERMIS D'IMPRIMER :
Le Vice-Recteur de l'Académie de Paris,
GRÉARD.

Laval. — Imp. et stér. E. JAMIN, rue Ricordaine, 8.